旅游达人系列
德国玩全攻略

图文全彩版

《行者无疆》编辑部 ◎ 编著

清华大学出版社
北京

内 容 简 介

本书是一本德国玩全攻略宝典,共分为8章,主要包括玩转德国准备、柏林玩全攻略、汉堡玩全攻略、慕尼黑玩全攻略、法兰克福玩全攻略、波茨坦玩全攻略、斯图加特玩全攻略、汉诺威玩全攻略等内容,详细描述了德国的无限风光,全面展示了德国特有的精神价值和深层底蕴。

书中含有交通指南、食宿指导、路线介绍、景点详解、效果欣赏、娱乐休闲、购物消费等,对个人游、情侣游、家庭游、亲子游、老年游,不论自助或跟团,都是随身、随行的宝典,让你一册在手,旅游无忧。

本书封面贴有清华大学出版社防伪标签,无标签者不得销售。
版权所有,侵权必究。侵权举报电话:010-62782989 13701121933

图书在版编目(CIP)数据

德国玩全攻略(图文全彩版)/《行者无疆》编辑部编著 --北京:清华大学出版社,2013
(旅游达人系列)
ISBN 978-7-302-30527-9

Ⅰ.①德… Ⅱ.①行… Ⅲ.①旅游指南—德国 Ⅳ.①K951.69

中国版本图书馆CIP数据核字(2012)第257626号

责任编辑:	杨作梅
封面设计:	杨玉兰
责任校对:	李玉萍
责任印制:	宋 林

出版发行:清华大学出版社
　　网　　　址:http://www.tup.com.cn, http://www.wqbook.com
　　地　　　址:北京清华大学学研大厦A座　　邮　　编:100084
　　社 总 机:010-62770175　　邮　　购:010-62786544
　　投稿与读者服务:010-62776969, c-service@tup.tsinghua.edu.cn
　　质量反馈:010-62772015, zhiliang@tup.tsinghua.edu.cn
　　课件下载:http://www.tup.com.cn, 010-62791865

印 装 者:北京嘉实印刷有限公司
经　　销:全国新华书店
开　　本:170mm×230mm　　印　张:14.75　　字　数:188千字
版　　次:2013年3月第1版　　印　次:2013年3月第1次印刷
印　　数:1~4000
定　　价:39.80元

产品编号:046530-02

本书简介

　　本书极具匠心地选取了德国最具代表性的110个旅游景点，以图文并茂的形式向读者展现柏林、汉堡、慕尼黑、法兰克福、波茨坦、斯图加特、汉诺威等德国最美景点的旅游信息，张张精美的图片使读者如同身临其境，篇篇精彩的文字帮助读者深入了解德国的地理人文之美。

本书特色

　　7大城市景点攻略：全书就德国最热门的7个城市景区的景点进行了全面、详细的介绍。

　　50个景点摄影指导：奉献了50个德国的最佳摄影景点、最美角度以及相机的使用方法。

　　70个作者亲历记忆：作者通过实地游览，将自己在德国的各种见闻、体会全部奉献。

　　90个实用达人提示：90个达人提示为背包族自助游客提供了真实有效的出行参考建议。

　　110个著名景点详解：生动活泼地向读者展现了精彩纷呈的著名景点的旅游信息。

　　170个玩全攻略指南：书中包含170个德国地址、电话、门票、气候游季、交通线路等信息。

　　280张精美景点图片：选取280张精美图片，展示德国最新风貌，使读者如同身临其境。

作者信息

本书由龙飞策划，《行者无疆》编辑部编著，在成书的过程中，得到了谭贤、柏松、余小芳、刘嫔、杨闰艳、宋金梅、苏高、周旭阳、袁淑敏、谭俊杰、徐茜、杨端阳、谭中阳等人的帮助，特别是宋艳青、王力建、张国文等旅游行家给予了大力支持，在此一并致谢。由于作者水平有限，书中难免有错误和疏漏之处，恳请广大读者批评、指正。

特别声明

本书的编写过程中，编委会拥有完全独立的身份，不受任何商业广告影响，保证了图书内容的客观公正。书中的旅游相关信息，在出版之前均已重新核实，但旅游信息更新较快，如果你发现书中有不准确的信息，请及时反馈给我们，以便再版时予以更新。由此带来的不便，敬请谅解！同时，热忱希望广大旅游爱好者为我们提供最新的旅游资讯，联系邮箱：itsir@qq.com，谢谢！

编　者

目 录

第1章　玩转德国准备　　1

美景德国：10大热门美景 …………… 2
- 01　林德霍夫城堡 …………… 2
- 02　新天鹅堡 …………… 2
- 03　科隆大教堂 …………… 3
- 04　勃兰登堡门 …………… 4
- 05　柏林墙 …………… 4
- 06　德雷斯顿圣母大教堂 …………… 5
- 07　魏玛之城 …………… 5
- 08　黑森林 …………… 5
- 09　特里尔 …………… 6
- 10　亚历山大广场 …………… 6

美食德国：10大热门美食 …………… 7
- 01　葡萄酒渍鲤鱼 …………… 7
- 02　法兰克福肠 …………… 7
- 03　薄皮苹果卷 …………… 8
- 04　冠面包鸡蛋汤 …………… 8
- 05　腌鲱鱼 …………… 9
- 06　醋焖牛肉 …………… 9
- 07　咸猪手 …………… 9
- 08　炸肉排 …………… 10
- 09　苹果馅饼 …………… 11
- 10　马铃薯麦团 …………… 11

德国玩全攻略（图文全彩版）

特色德国：10大经典特色 ················ 12
　　01　经典漫步 ·················· 12
　　02　德国啤酒 ·················· 12
　　03　莱茵河 ···················· 13
　　04　艺术文化 ·················· 13
　　05　古建筑 ···················· 14
　　06　汽车 ······················ 14
　　07　同性恋之城 ················ 15
　　08　香水 ······················ 15
　　09　口红 ······················ 15
　　10　矢车菊 ···················· 16

德国印象：1分钟了解德国 ·············· 17
　　01　德国历史 ·················· 17
　　02　地理与气候 ················ 18
　　03　政区与交通 ················ 18
　　04　民族与语言 ················ 19
　　05　宗教与禁忌 ················ 19
　　06　节日与礼仪 ················ 20

走进德国：10大旅行准备 ·············· 20
　　01　证件准备 ·················· 20
　　02　资金准备 ·················· 21
　　03　交通准备 ·················· 21
　　04　衣物准备 ·················· 22
　　05　食品准备 ·················· 22
　　06　洗护用品 ·················· 22
　　07　旅游保险 ·················· 22
　　08　数码产品 ·················· 23
　　09　药品准备 ·················· 23
　　10　其他信息 ·················· 23

推荐线路：5条经典线路 ·············· 23
　　01　德国5日畅快游 ············· 24

目录

　02　德国4日城堡游 …………… 24
　03　德国5日教堂游 …………… 25
　04　柏林2日时尚游 …………… 26
　05　汉堡2日自然游 …………… 26

第2章　柏林玩全攻略　　27

柏林必游：5景 ………………… 28
　01　勃兰登堡门 ………………… 28
　02　柏林墙 ……………………… 28
　03　国会大厦 …………………… 29
　04　菩提树下大街 ……………… 30
　05　柏林大教堂 ………………… 30

柏林印象：解读 ………………… 31
　01　历史与区划 ………………… 31
　02　地理与气候 ………………… 31
　03　民族与节日 ………………… 32
　04　实用信息 …………………… 32

柏林攻略：交通 ………………… 32
　01　航空 ………………………… 32
　02　火车 ………………………… 32
　03　出租车 ……………………… 33
　04　公交车 ……………………… 33
　05　地铁和城铁 ………………… 33

柏林攻略：餐饮 ………………… 33
　01　Curry 36 …………………… 34
　02　Schlemmerbuffet ………… 34
　03　Engelbecken ……………… 34
　04　Facil ………………………… 35
　05　Cafe Jacques ……………… 35
　06　Cookies Cream …………… 36

德国玩全攻略（图文全彩版）

柏林攻略：住宿 ············ 36
　01　阿德龙凯宾斯基酒店 ········ 37
　02　Hotel de Rome ············ 37
　03　Arcotel John F ············ 38
　04　Arte Luise Kunsthotel ····· 38
　05　Baxpax Downtown ·········· 38
　06　Wombat's City Hostel Berlin ··· 39

柏林攻略：购物 ············ 39
　01　卡迪威百货公司 ············ 40
　02　阿卡丹 ···················· 40
　03　老佛爷百货公司 ············ 41
　04　古董市场 ·················· 42
　05　跳蚤市场 ·················· 42

柏林攻略：游玩 ············ 43
　01　勃兰登堡门 ················ 43
　02　柏林墙 ···················· 44
　03　国会大厦 ·················· 44
　04　菩提树下大街 ·············· 45
　05　柏林大教堂 ················ 46
　06　亚历山大广场 ·············· 47
　07　胜利女神纪念柱 ············ 47
　08　宪兵广场 ·················· 48
　09　大屠杀纪念馆陵园 ·········· 48
　10　博物馆岛 ·················· 49
　11　老博物馆 ·················· 50
　12　老国家画廊 ················ 50
　13　贝加蒙博物馆 ·············· 51
　14　蒂尔加藤公园 ·············· 51
　15　柏林故事博物馆 ············ 52
　16　军械库 ···················· 52
　17　柏林爱乐大厅 ·············· 53

目 录

18	夏洛特城堡	53
19	埃及博物馆	54
20	贝加伦博物馆	55
21	查理检查站	55
22	联邦总理府	56
23	民族学博物馆	56
24	红色市政厅	57
25	包豪斯文献馆	57
26	尼古拉教堂	58
27	东德博物馆	58
28	柏林电视塔	59
29	斯塔西博物馆	59
30	东亚艺术博物馆	60

第3章　汉堡玩全攻略　　63

汉堡必游：3景 …… 64
- 01　汉堡市政厅 …… 64
- 02　阿尔斯特湖 …… 64
- 03　汉堡艺术馆 …… 65

汉堡印象：解读 …… 66
- 01　历史与区划 …… 66
- 02　地理与气候 …… 66
- 03　人口与节日 …… 66
- 04　实用信息 …… 67

汉堡攻略：交通 …… 67
- 01　游船 …… 67
- 02　地铁 …… 67
- 03　公交车 …… 68

汉堡攻略：餐饮 …… 68
- 01　Panthera Rodizio …… 68
- 02　Café Unterder Linden …… 69

德国玩全攻略（图文全彩版）

　　03　La Vela ·············· 69
　　04　Sagres Plus ·········· 70
　　05　Cuneo ················ 70
　　06　Den Danskel Heretord ···· 71
汉堡攻略：住宿 ············· 71
　　01　Hotel Side ··········· 71
　　02　Hotel Atlantic ······· 72
　　03　Schanzenstern ········ 73
　　04　A&O Hamburg Hauptbahnhof ··· 73
　　05　DAS Hotel Hamburg-Centrum ··· 74
　　06　Grand Elysee Hamburg ····· 74
汉堡攻略：购物 ············· 75
　　01　少女堤 ··············· 75
　　02　新堤岸大街 ··········· 75
　　03　汉堡鱼市场 ··········· 76
汉堡攻略：游玩 ············· 77
　　01　汉堡市政厅 ··········· 77
　　02　阿尔斯特湖 ··········· 78
　　03　汉堡艺术馆 ··········· 78
　　04　汉堡港 ··············· 79
　　05　汉堡微缩景观世界 ····· 80
　　06　圣尼古拉纪念馆 ······· 80
　　07　胡尔柏之屋 ··········· 81
　　08　仓库城 ··············· 81
　　09　汉堡地牢 ············· 82
　　10　易北河旧隧道 ········· 82
　　11　木偶博物馆 ··········· 83
　　12　圣佩特利教堂 ········· 83
　　13　吕贝克 ··············· 84
　　14　美术工艺博物馆 ······· 84
　　15　阿尔斯特拱廊 ········· 85

目 录

　　16　爱国者协会大楼 ················ 86
　　17　汉堡蜡像馆 ···················· 86

第4章　慕尼黑玩全攻略　89

慕尼黑必游：3景 ················ 90
　　01　新天鹅堡 ···················· 90
　　02　宁芬堡皇宫 ·················· 90
　　03　宝马大厦 ···················· 91
慕尼黑印象：解读 ················ 92
　　01　历史与区划 ·················· 92
　　02　地理与气候 ·················· 92
　　03　民族与节日 ·················· 93
　　04　实用信息 ···················· 93
慕尼黑攻略：交通 ················ 93
　　01　航空 ························ 93
　　02　公共交通 ···················· 94
　　03　出租车 ······················ 94
慕尼黑攻略：餐饮 ················ 94
　　01　东尼索餐厅 ·················· 94
　　02　奥古斯丁啤酒坊 ·············· 95
　　03　Swagat ······················ 96
　　04　Hippocampus ················· 96
　　05　奥林匹克塔旋转餐厅 ·········· 97
　　06　宫廷饭店 ···················· 97
慕尼黑攻略：住宿 ················ 97
　　01　安娜酒店 ···················· 98
　　02　Hotelissimo ················· 98
　　03　欧洲青年旅舍 ················ 99
　　04　Pensionam Kaiserplatz ······· 100
　　05　皇宫酒店 ···················· 100

06	芝瓦特家庭式酒店	101

慕尼黑攻略：购物 101

01	维克图阿连市场	101
02	五宫廷	102
03	Holareidulijo	102

慕尼黑攻略：游玩 103

01	新天鹅堡	103
02	宁芬堡皇宫	104
03	宝马大厦	104
04	玛利亚广场	105
05	圣母教堂	105
06	圣彼得教堂	106
07	新市政厅	106
08	慕尼黑皇宫区	107
09	阿玛琳堡	108
10	英国花园	108
11	德意志博物馆	109
12	市立博物馆	109
13	奥林匹克公园	110
14	安联体育场	110
15	慕尼黑美术博物院	111
16	巴伐利亚歌剧院	112
17	巴伐利亚电影城	113
18	圣米歇尔教堂	113
19	古代雕刻博物馆	114
20	鹰巢	116

第5章　法兰克福玩全攻略　117

法兰克福必游：3景 118

01	罗马广场	118

目录

  02 法兰克福历史博物馆 ………… 118
  03 法兰克福大教堂 ………………… 119

法兰克福印象：解读 …………… 120
  01 历史与区划 ……………………… 120
  02 地理与气候 ……………………… 120
  03 人口与节日 ……………………… 121
  04 实用信息 ………………………… 121

法兰克福攻略：交通 …………… 121
  01 航空 ……………………………… 122
  02 火车 ……………………………… 122
  03 市内交通 ………………………… 122

法兰克福攻略：餐饮 …………… 122
  01 Zur Sonne ……………………… 123
  02 Metropol ………………………… 123
  03 Indian Curry House …………… 124
  04 Da Cimino ……………………… 124
  05 Safran …………………………… 125
  06 Haus ……………………………… 125

法兰克福攻略：住宿 …………… 126
  01 Radisson Blu Hotel …………… 126
  02 Inter City Hotel ………………… 127
  03 Miramar Hotel ………………… 128
  04 Excelsior Hotel ………………… 128
  05 Manhattan Hotel ……………… 129
  06 Mark Hotel Frankfurt Messe … 129

法兰克福攻略：购物 …………… 129
  01 采尔步行街 ……………………… 130
  02 Cricri …………………………… 130
  03 金箭 ……………………………… 131

法兰克福攻略：游玩 …………… 131
  01 罗马广场 ………………………… 131

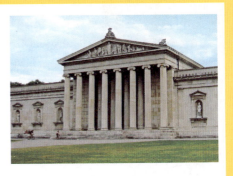

02	法兰克福历史博物馆 ………	132
03	法兰克福大教堂 ……………	133
04	保罗大教堂 …………………	133
05	法兰克福博物馆区 …………	134
06	歌德故居 ……………………	135
07	德国电影博物馆 ……………	135
08	旧市政厅 ……………………	136
09	施特德尔美术馆 ……………	137
10	美因河 ………………………	137
11	欧洲大厦 ……………………	138
12	法兰克福老歌剧院 …………	138
13	森肯伯格博物馆 ……………	139
14	哈瑙 …………………………	140
15	棕榈树公园 …………………	140
16	法兰克福金融区 ……………	141
17	老证券交易中心 ……………	142
18	海德堡大学 …………………	142

第6章　波茨坦玩全攻略　145

波茨坦必游：3景……………　146
　01　波茨坦广场 ………………　146
　02　无忧宫 ……………………　146
　03　中国楼 ……………………　147

波茨坦印象：解读……………　148
　01　历史与区划 ………………　149
　02　地理与气候 ………………　149
　03　人口与节日 ………………　149
　04　实用信息 …………………　150

波茨坦攻略：交通……………　150
　01　铁路 ………………………　150

目录

02	市内交通	150

波茨坦攻略：餐饮 …………… 151
- 01　Loft …………………… 151
- 02　小宫殿餐厅 …………… 151
- 03　Drachenhaus …………… 152
- 04　Restaurant Uhlmann …… 153
- 05　Meierei Potsdam ………… 153
- 06　Fiore Restaurant ………… 154

波茨坦攻略：住宿 …………… 154
- 01　NH Voltaire Potsdam …… 155
- 02　Pension Remise Blumberg … 155
- 03　Mercure Hotel Potsdam City … 156
- 04　Steigenberger Hotel Sanssouci … 156
- 05　Art Hotel Potsdam ……… 157
- 06　Hotel Ascot-Bristol ……… 157

波茨坦攻略：购物 …………… 158
- 01　Barometer ……………… 158
- 02　荷兰区 …………………… 159
- 03　卡尔施塔特购物中心 …… 159
- 04　布兰登布格尔街 ………… 160
- 05　巴斯普莱兹广场 ………… 160

波茨坦攻略：游玩 …………… 161
- 01　波茨坦广场 ……………… 161
- 02　无忧宫 …………………… 162
- 03　中国楼 …………………… 163
- 04　橘园 ……………………… 163
- 05　塞西里恩霍夫宫 ………… 164
- 06　无忧宫公园 ……………… 165
- 07　新宫 ……………………… 165
- 08　大理石宫 ………………… 166
- 09　波茨坦电影博物馆 ……… 167

德国玩全攻略（图文全彩版）

　　10　夏洛藤霍夫宫 …………… 168
　　11　巴贝尔斯贝格宫殿 ………… 168

第7章　斯图加特玩全攻略　171

斯图加特必游：3景 …………… 172
　　01　奔驰博物馆 …………… 172
　　02　保时捷汽车博物馆 ………… 173
　　03　斯图加特艺术博物馆 ……… 173
斯图加特印象：解读 …………… 174
　　01　历史与区划 …………… 174
　　02　地理与气候 …………… 175
　　03　人口与节日 …………… 175
　　04　实用信息 ………………… 176
斯图加特攻略：交通 …………… 176
　　01　航空 ……………………… 176
　　02　铁路 ……………………… 176
　　03　公路 ……………………… 177
　　04　市内交通 ………………… 177
斯图加特攻略：餐饮 …………… 177
　　01　Zur Kiste ……………… 178
　　02　脚镣塔餐厅 …………… 178
　　03　Calwer-Eck-Braeu ……… 179
　　04　Forum Theater Cafe …… 180
　　05　Delice …………………… 180
　　06　Alte Kanzlei …………… 181
　　07　Dinkelacker …………… 182
斯图加特攻略：住宿 …………… 182
　　01　Steigenberger Graf Zeppelin … 183
　　02　Hotel Unger …………… 183
　　03　斯图加特美丽殿酒店 …… 184

目录

  04 Movenpick Hotel Stuttgart Airport ……… 184
  05 Der Zauberlehrling ……… 185
  06 Holiday Inn Stuttgart ……… 185

斯图加特攻略：购物 ……… 186
  01 国王大道 ……… 186
  02 卡尔维街 ……… 187
  03 豆城区 ……… 187
  04 Marcoccino ……… 188
  05 Stilwerk ……… 188
  06 市场大厦 ……… 189

斯图加特攻略：游玩 ……… 189
  01 奔驰博物馆 ……… 189
  02 保时捷汽车博物馆 ……… 190
  03 斯图加特艺术博物馆 ……… 191
  04 斯图加特剧院 ……… 192
  05 国家美术馆 ……… 193
  06 威廉玛动植物园 ……… 193
  07 符腾堡州立博物馆 ……… 194
  08 乐器博物馆 ……… 194

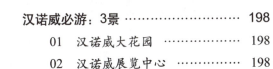

第8章 汉诺威玩全攻略 197

汉诺威必游：3景 ……… 198
  01 汉诺威大花园 ……… 198
  02 汉诺威展览中心 ……… 198
  03 三教母像 ……… 199

汉诺威印象：解读 ……… 200
  01 历史与区划 ……… 200
  02 地理与气候 ……… 201
  03 汉诺威的重大节日 ……… 201

德国玩全攻略（图文全彩版）

  04 实用信息 …………………… 202
汉诺威攻略：交通 …………………… **202**
  01 航空 ………………………… 202
  02 铁路 ………………………… 202
  03 公共交通 …………………… 203
  04 水路 ………………………… 203
汉诺威攻略：餐饮 …………………… **203**
  01 Bei Costa …………………… 203
  02 Sonderbar …………………… 204
  03 Spandau …………………… 205
  04 Hiller ………………………… 206
  05 China Restaurant Tai-Pai …… 206
  06 Pier 51 ……………………… 207
汉诺威攻略：住宿 …………………… **207**
  01 Kastens Hotel Luisenhof …… 208
  02 Arabella Sheraton Pelikan …… 208
  03 背包客旅馆 ………………… 209
  04 Jugendherberge …………… 209
  05 Hotel Flora ………………… 210
  06 Park Inn Hannover Hotel …… 211
汉诺威攻略：购物 …………………… **211**
  01 格奥尔格大街 ……………… 212
  02 跳蚤市场 …………………… 212
  03 集市大厅 …………………… 213
汉诺威攻略：游玩 …………………… **213**
  01 汉诺威大花园 ……………… 214
  02 汉诺威展览中心 …………… 214
  03 三教母像 …………………… 215
  04 克斯特纳博物馆 …………… 216
  05 新市政厅 …………………… 216
  06 马什湖 ……………………… 217

德国

第1章

玩转德国准备

美景德国：10大热门美景
美食德国：10大热门美食
特色德国：10大经典特色
德国印象：1分钟了解德国
走进德国：10大旅行准备
推荐线路：5条经典线路

美景德国：10大热门美景

在你打算去德国旅游之前，应该对德国必去的10大热门美景有一个大概的了解，这样既能节约你宝贵的时间，又能舒舒服服地在德国畅游。下面主要介绍德国的10大绝对不容错过的景点，让你不枉此行。

01 林德霍夫城堡

林德霍夫城堡属于德国纯正的国王城堡，是新天鹅堡主人路德维希二世生前唯一完成的宫殿，也是唯一一座他经常居住的皇宫。

02 新天鹅堡

新天鹅堡是巴伐利亚国王路德维希二世的行宫之一，共有360个房间，其中只有14个房间是依照设计完工的，其他的346个房间则因为国王在1886年逝世而未完成。新天鹅堡是德国最受欢迎的旅游景点之一。

第1章 玩转德国准备

03 科隆大教堂

科隆大教堂是欧洲北部最大的教堂，它以法国兰斯主教堂和亚眠主教堂为范本，算是德国第一座完全按照法国哥特盛期样式建造的教堂，是一个非常值得一游的旅游景点。

达人提示

根据考古发现，教堂原址在罗马帝国占领时期曾经只是普通居民地，从公元4世纪末到5世纪初起，在这个位置上才开始建起了小规模的教堂，之后教堂不断地扩建和改建，直到873年9月27日科隆大教堂的前身才正式落成。

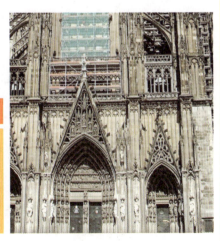

04 勃兰登堡门

勃兰登堡门位于德国首都柏林的市中心，是为了纪念普鲁士在七年战争中所取得的胜利而建，最初只是柏林城墙的一道城门，因通往勃兰登堡而得名，现在保存的勃兰登堡门是一座新古典主义风格的建筑。

05 柏林墙

柏林墙是一座非常壮观的历史建筑，超过155千米。随着时间的推移，柏林墙遭到了很多次的摧毁，至今只保留了几小段围墙的遗迹，每年都吸引着世界各地的游客前来参观。

达人提示

德国首都柏林在第二次世界大战以后，德意志民主共和国在领土上建立这座围墙，目的是隔离德意志民主共和国和德意志联邦共和国。

第1章 玩转德国准备

06 德雷斯顿圣母大教堂

德雷斯顿圣母大教堂是德国最著名的新教巴洛克教堂，建立于1743年，由著名建筑师格奥尔格贝尔所设计，这座教堂是世界上最大的砂石建筑，到这里游玩绝对是一个不错的选择。

达人提示

德雷斯顿圣母大教堂的圆顶，是德雷斯顿的标志之一，在1945年教堂被摧毁，从此以后成为一片废墟。在1994—2005年，圣母大教堂被作为当地人的信仰与希望之地，才被依原来的建筑部件重建起来，现在人们所看到的大教堂是重建以后的。

07 魏玛之城

魏玛位于图林根州，在德国的东部，来到魏玛就来到了德国文化的中心地，这里孕育了很多文化名人，是德国知识界的朝圣地。当你读起来那些之前居住者名单的时候，就像打开了德国乃至世界的文学、音乐、艺术以及哲学的历史。

达人提示

魏玛同样是建筑学运动的诞生地，它激起了20世纪早期设计艺术和建筑学的革命。

08 黑森林

来到黑森林可以体验到德国的起伏山丘、小小村庄以及茂密的森林，无论你是在这里散步、骑车或者自驾，充满美丽风景的小路都会把你领到可爱的小村庄、酒庄和古老的修道院，非常有趣。

09 特里尔

特里尔是德国最古老的城市，建立于罗马殖民时期的16世纪。特里尔凭借它鲜明的特点成为了以后许多罗马君王最喜欢居住的地方。

达人提示

如今在德国已经没有哪个地方还能像这里一样可以看见殖民时代的证据，来这里体验殖民气息是一个不错的选择。

10 亚历山大广场

亚历山大广场位于柏林东部，是柏林的交通枢纽和商业中心。当地人亲昵地把亚历山大广场叫做"亚历克斯"，是一个绝对不容错过的景点之一。

第1章　玩转德国准备

美食德国：10大热门美食

如果你周游德国，便可以有机会品尝到丰富多彩的当地美食，葡萄酒渍鲤鱼、法兰克福肠、甜品Apfelstrudel以及腌鲱鱼等，都是极具特色的美味佳肴。

01 葡萄酒渍鲤鱼

葡萄酒渍鲤鱼是德国当地人最喜爱的周末菜肴，色香味俱全。每一位德国人在饮食上都知道一条鱼须游三次，即在水里、黄油里、葡萄酒里，游过后才能被端上餐桌食用。

这道美食已经成为德国最热门的特色食物之一了，非常受世界各地的游客喜欢，来到德国就不得不尝尝这道美味，否则你会后悔的。

02 法兰克福肠

如果你想在德国吃香肠，那算找对了地方。估计德国香肠有1500多种，其中仅水煮小香肠就达780多种，最受欢迎的要算润口的法兰克福肠。

法兰克福肠是德国一种著名的香肠，由猪肉和其他种类的肉类共同组合制成，现时法兰克福肠通常会以热狗的方式食用，因此有热狗肠之称。

亲历记忆

在没来德国之前就听朋友说起过法兰克福肠，果然名不虚传，非常好吃。

03 薄皮苹果卷

薄皮苹果卷是德国热门美食之一,很多人都喜欢吃。这种甜品是用酥皮包着苹果烘焗,再伴着芝士酱来吃,酸酸甜甜的味道还可刺激你的味觉。

亲历记忆

虽然我一直都不喜欢吃甜品,但这一次却例外了,薄皮苹果卷吃起来既有酥皮的香味,也有苹果的酸甜感,非常好吃。

04 冠面包鸡蛋汤

冠面包鸡蛋汤在德国是非常出名的,基本上每家餐厅都有这个菜,清香浓郁,鲜咸爽口,让你吃一次就念念不忘。

第1章　玩转德国准备

05　腌鲱鱼

腌鲱鱼也许不算德国的特色美食，但却是当地人最爱吃的菜，肉嫩新鲜，酸甜入味，吃起来非常特别。不过，腌鲱鱼却有着一股很强烈的味道，如果你习惯这种味道的话，这将是你在德国不得不尝的美食之一。

亲历记忆

早就听说过这道美食的特点，为了尝鲜我点了一次，确实有一股很刺鼻的气味，不是那么合我的胃口。

06　醋焖牛肉

醋焖牛肉甜酸适口，肉质松软。牛肉先用葡萄酒、醋、酸奶以及洋葱腌制后，放入锅内煮开改小火焖至八成熟，然后加入洗净的小红枣，直至焖熟，最后根据个人口味用盐、糖、味精调好即可。

达人提示

制作这道美食的关键有：牛肉要先用清水煮至断生；洗去血污，然后再焖；焖熟再上浆炸黄。另外，一定要记住全程都需要用大火烧开，不然会焖酥，掌握了这些关键点基本就能做出这道美味。

07　咸猪手

咸猪手是一道德国名菜，配以土豆泥和德式酸菜，肥而不腻，咸香逼人，非常受众人的喜爱，特别是中国人，是必尝美食之一。

德国玩全攻略（图文全彩版）

08 炸肉排

炸肉排属于家常菜谱，有气血双补的功能，非常有营养。如果制作成功的话，颜色是非常有光泽且显金黄色，吃起来外焦里嫩。

达人提示

炸肉排的制作要诀主要包括以下两方面的内容。

(1) 本品有油炸过程，所以在之前需准备猪油约500克。

(2) 制作花椒水。制作花椒水时，以1两花椒6斤水的比例，提前一天烧开，并浸泡肉排一晚即可。

第1章　玩转德国准备

09　苹果馅饼

苹果馅饼是一款典型的欧式美食，许多青少年都喜欢吃，既简单，又有营养。在德国许多家庭都把它当做主食，既可以填饱肚子，又可以省下很多钱。

10　马铃薯麦团

马铃薯麦团是德国的一大热门美食，来到这里就绝不容错过它。

达人提示

制作流程：奶油奶酪用打蛋器拌软，加入马铃薯泥拌匀，再加入砂糖及柠檬汁充分混拌即可；全麦吐司铺上马铃薯泥，以卷寿司的方式卷起即可。

德国玩全攻略（图文全彩版）

特色德国：10大经典特色

德国是一个经典的旅游国家，不仅旅游资源丰富，而且也有不少经典特色吸引着游客。下面主要介绍德国的10大经典特色。

01 经典漫步

德国是一个漫步的好地方，这里有最美的浪漫之路，它将带你穿越在德国风景和文化精髓的各个地点之间。在这里漫步你可以看到很多迷人的景致，有被很多墙和塔围绕着的中世纪的小镇、在木架上涂抹灰泥建造成的房屋、古老的旅店和城堡，还有提供丰盛食物和啤酒的小饭店，让你流连忘返。

亲历记忆

每次我在这浪漫之路上漫步时，都感觉心里特别静，总觉得这才是生活。

02 德国啤酒

近五百年来德国啤酒已成为了所谓纯正啤酒的代名词。今日的德国为世界第二大啤酒生产国，境内共有1300家啤酒厂，生产的啤酒种类高达五千多种。世界上再也找不到比德国人更热爱啤酒的民族了。

达人提示

在每年慕尼黑啤酒节期间，可消耗高达600万升的啤酒，多年来德国人形成的啤酒文化是世界上独一无二的。

第 1 章　玩转德国准备

03　莱茵河

莱茵河是德国境内最长的河流，流域面积占德国总面积的40%，是德国文化的摇篮。

莱茵河是具有历史意义和文化传统的欧洲大河之一，也是世界上最重要的工业运输大动脉。

达人提示

莱茵河全长约1230千米，通航里程将近900千米，其中大约700千米可以行驶万吨海轮。

04　艺术文化

德国的艺术文化是一大看点，来到这里享受当地的艺术气息绝对是一个不错的选择，不仅可以看到各种各样的艺术作品，而且还能感受到艺术家的足迹，非常有意义。

05 古建筑

在德国莱茵河的两岸，分布着很多非常具有特色的古建筑，有种把历史与自然风光合二为一的感觉。

每一座古建筑都能让你感受到德国历史演变和民族精神的状态，非常具有参观价值。

亲历记忆

看到德国的这一座座古建筑，我就联想到中世纪时期那段辉煌的历史，不禁让人肃然起敬。

06 汽车

众所周知德国是一个工业大国，而汽车产业在德国工业中又占极大比重，德国的汽车在整体设计和零部件的技术上都是一流水平，大众、奔驰、宝马以及保时捷成为了德国汽车的象征。

第 1 章　玩转德国准备

07　同性恋之城

德国是一个特殊的国家，长期的分裂，反而在某些时候体现了它的包容性，如当地同性恋的普遍性。

柏林是德国乃至欧洲的同性恋大本营，被称为同性恋之城，这里还有一个同性恋公园，里面有各色关于此话题的雕像。

亲历记忆

柏林的这个同性恋公园我去过一次，里面不仅有类似的雕像，而且还有很多同性恋者。

08　香水

德国产香水，这是很多人都知道的，来到德国游玩，你可以购买很多品牌及香味的香水回家，特别是当地的古龙水，一定要带点回去。另外，很多停产的香水，在德国也能买到。

达人提示

香水能给人带来一种自信的感觉，很多人都喜爱用香水，来到德国购买纯正的香水绝对是一个不错的选择。

09　口红

德国的口红和粉饼应该是追求时尚女性的最爱，很多女性到德国购物是必买这两样的，尤其是口红。德国口红也逐渐成为当地的经典特色之一了。

达人提示

这里的口红价格都不低，全是国际品牌，但买了的人都觉得物有所值。

10 矢车菊

矢车菊，又可叫做蓝芙蓉、荔枝菊或翠蓝等，经过德国人多年的培养已经成为德国的国花了。主要有蓝紫、深蓝、深紫、雪青、淡红、玫瑰红、白等多种颜色，非常具有特色。

达人提示

矢车菊是德国的名花，德国人用它象征日耳曼民族爱国、乐观、顽强以及俭朴的特征，并认为它有吉祥之兆，因而被誉为"国花"。来到德国游玩会看到很多地方都有这种花，这时你就得注意欣赏了。

第1章 玩转德国准备

德国印象：1分钟了解德国

德国在过去的几年里一直被称做"西欧磐石"，如今它已改变了以前刻板和沉闷的感觉，成为了一个国际性的国家，吸引了很多人前来度假。

01 德国历史

德国是一个历史背景非常丰富的国家，下表介绍了它的6个主要历史时期。

公元前2-3世纪	在公元前德国就居住着日耳曼人，逐渐形成了当地的部落。
10世纪以前	843年德意志从法兰克帝国分裂出来；962年建立神圣罗马帝国，通过长期的对外征服，德意志占领了捷克、意大利北部和波兰西部，并远征俄罗斯、匈牙利。
18世纪	18世纪初普鲁士崛起，根据1815年维也纳会议，组成了德意志邦联；1848年德国各地爆发革命，普鲁士首相俾斯麦领导了艰苦卓绝的军事和外交斗争；1866年普鲁士在"七星期战争"中击败奥地利，次年建立北德意志联邦；1871年统一的德意志帝国建立。
"一战"时期	德意志帝国在1914年挑起第一次世界大战，而德国在1918年因战败而宣告崩溃；1919年2月德意志建立魏玛共和国；1933年希特勒上台实行独裁统治，使德国上到另外一个台阶。
"二战"时期	德国于1939年发动第二次世界大战，给世界人民带来了严重灾难，在同盟国军民的顽强打击下，1945年5月8日德国战败投降。战后，根据雅尔塔协定和波茨坦协定，德国分别由美、英、法、苏四国占领，并由四国组成盟国管制委员会接管德国最高权力。
近现代	1990年10月3日民主德国正式加入联邦德国，民主德国的宪法、人民议院以及政府自动取消，原14个专区为适应联邦德国建制改为5个州，并入了联邦德国，分裂40多年的德国重新统一。

02 地理与气候

地理	德国位于欧洲西部，东邻波兰、捷克；南接奥地利、瑞士；西接荷兰、比利时、卢森堡以及法国；北与丹麦相连，并临北海和波罗的海，与北欧国家隔海相望，国内地势南高北低。
气候	　　德国西北部温带海洋性气候明显，往东部和南部逐渐过渡成温带大陆性气候，气候比较多变。 　　德国气温适中，全年气温变化也不是很大，冬季平均气温在0℃左右，最冷的1月份平均为－5℃左右；夏季平均气温在22℃，最热月份为6~8月，整体上平均气温是7月14～19℃；年降水量也比较丰富，在500～1000毫米，山地比平地更丰富。

03 政区与交通

政区	德国分为联邦、州、地区三级，共有16个州，14 808个地区。16个州分别为：巴登－符腾堡、巴伐利亚、柏林、勃兰登堡、不来梅、汉堡、黑森、梅克伦堡－前波莫瑞、下萨克森、北莱茵－威斯特法伦、莱茵兰－法尔茨、萨尔、萨克森、萨克森－安哈特、石勒苏益格－荷尔斯泰因和图林根，其中柏林、不来梅和汉堡是市州。
交通	德国交通运输十分发达，航空、铁路、公路以及水路全面发展，特别是公路密度为世界之冠。下面主要介绍德国的4大交通方式。 　　(1) 航空。德国的航空非常方便，境内主要有柏林航空公司、German Wings航空公司以及Ryan Air航空公司等，每一个航空公司都提供飞往世界各大机场的班机。另外，中国游客可以在北京、上海、香港以及台北直接乘坐飞机，飞往德国的法兰克福和慕尼黑等地，非常方便。

第 1 章　玩转德国准备

续表

交通	（2）铁路。德国的铁路交通非常发达，是世界上最大的铁路网之一，铁路连接着德国所有大、小城市。对于较远距离来讲，城间高速(ICE)是最快和最舒适的交通工具，近距离的话可以乘坐城市加快(SE)、区间加快(RE)和地区列车(RB)。 （3）公路。德国的公交系统跟国内很像，由各独立的公交公司经营，且每个公司的公交价格和时刻表都有所不同，如果你是自助游客，在乘坐公交车游览各景点之前一定要记住线路。 （4）水路。德国的水运也是当地的一大交通方式，各大港口都提供渡船服务，就连德国的城镇和村庄中也会有观光渡船，游客可以好好利用。

04　民族与语言

民族	德国的主要民族是德意志族，总人口约8200万。除了德意志族还有丹麦族和索布族等。另外，有725.6万外籍人，占人口总数的8.8%。
语言	德语为通用语言，也是该国的官方语言。除了德语外，英语也是主要语言之一。另外，中文和其他国家的语言也占一定的比例。

05　宗教与禁忌

宗教	德国的居民中有30%信奉新教，31%信奉罗马天主教，剩下的39%基本是信奉基督教。
禁忌	德国居民的习俗禁忌主要包括以下7方面的内容。 （1）忌讳数字13，视13日和星期五为不祥日。 （2）不喜欢红色、红黑相间色以及褐色，尤其是墨绿色。法律禁用纳粹或其军团的符号图案，讨厌菊花、蔷薇图案和蝙蝠图案。 （3）忌讳核桃。 （4）送花时禁止送菊花、玫瑰以及蔷薇，支数和花朵数不能是13或者双数，鲜花不用纸包扎。 （5）禁止送太个人化的物品，礼品包装纸不用黑色、白色和棕色，也不能用彩带包扎。

续表

禁忌	(6) 口味清淡，喜酸甜味道，喜爱中国的鲁菜、京菜、淮扬菜，不喜欢吃鱼虾以及海味，不爱吃油腻和过辣的菜肴。 (7) 德国人非常注重规则和纪律，干什么都十分认真。凡是有明文规定的，德国人都会自觉遵守；凡是明确禁止的，德国人绝不会去碰它。

06 节日与礼仪

节日	德国的重大节日主要有国庆日、纳粹受害者纪念日、民主日等。国庆日：10月3日；纳粹受害者纪念日：1月27日；民主日：5月7日。
礼仪	德国人是非常注重礼仪的，到德国旅行要特别注意当地的各种礼仪等，以免引起不必要的误会。

走进德国：10大旅行准备

无论你是自助游客还是跟团旅行，你的旅程和需要都会在德国得到满足，只要你提前一段时间稍微准备一下即可。

01 证件准备

德国已经开放中国公民个人赴德国旅游申请，中国公民前往德国旅游只要在德国驻华使馆中申请签证即可。申请证件主要提供以下6方面的内容。

(1) 有效护照。个人的有效护照必须是有效期在半年以上，如果是换发的护照，要同时提供旧护照，如果旧护照已丢失的话，就必须提供派出所出具的遗失证明。

(2) 个人资料表。如果曾经有被申请国拒签过的，一定要注明拒签的时间和国家。

(3) 签证申请表。在办理签证之前必须认真填好签证申请表。

(4) 照片。本人需提供4张2寸的免冠正身彩照，而且为白色背景。

(5) 户口本。个人在申请签证时，还要提供全家户口本和户口本的复印件。

第 1 章　玩转德国准备

(6) 身份证。身份证是办理证件必备的，另外还需提供身份证的复印件。办理签证所需的费用大概是60欧元，约合人民币520元。

达人提示

在申请签证时，所提供的信息一定要与真实情况相符合，否则若是在申请过程中被发现不符合的，就有可能永远无法办理签证。另外，在申请之前，可以先向该国驻华使馆通过电话或网络查询相关要求，以免准备不全。

02　资金准备

欧元是德国通行的货币，人民币在德国不属于流通货币，所以在出发前一定要兑换好货币。在德国的机场和主要的火车站均设有外汇兑换处，一般营业时间从早上8:00~22:00；你也可以在银行兑换欧元，银行的工作时间为8:30~13:00，14:30~16:00，星期六和星期天休息。

03　交通准备

旅行之前要提前买好机票和预订酒店，在出发前一定要确保机票和酒店确认信已拿到手，以避免在旅程中出现"小插曲"。

04 衣物准备

衣服	德国的气候属于热带海洋性气候和温带大陆性气候，温差较大，出行德国必须带够保暖的衣物。如果你是夏季出行的话，就只需带两件散热性好的短袖及一件长袖即可。
鞋子	鞋应以轻便合脚、适宜行走为主，另外也要散热性好，以免因走路时间太长而不舒服。

05 食品准备

出发之前可以携带一些小零食，以方便自己在车上或者路上吃，还可以带一些开胃的特色美食，来满足自己的食欲。

另外，德国的食物也是非常丰富的，各国菜式都有，你不用担心会不习惯这里的口味，但为了以防万一，也可以带一些家乡食物。

06 洗护用品

德国的酒店旅馆一般不提供牙刷、牙膏以及其他洗护用品的，游客在出发之前可以自己准备一份，另外也不要忘记自己带电吹风。

07 旅游保险

去旅游最好还是买一份旅游意外伤害险，为自己增加一份保障，如果是跟团旅游或自助旅游，则可以购买意外险和交通险等。另外，一定要把保险公司的紧急联络电话记下，以备不时之需。即使有意外发生，旅游保险也会给你补偿一定的财物损失。

第1章 玩转德国准备

08 数码产品

出去旅游手机和充电器为必带品。在途中如果遇到特殊事情，通信工具可以方便联系。为了保障通信的畅通无阻，最好多配备一块电池和充电器。另外，爱好摄影的朋友，照相机、摄像机也是必不可少的。

09 药品准备

出门在外，在开心游玩的同时也要保证身体健康，途中总会出一些大大小小的意外，适当地带一些应急药品，总是有备无患。例如，维生素、创可贴、云南白药、红花油、纱布胶布、牛黄解毒片、感冒灵、黄连素、胃药以及眼药水等。

10 其他信息

时差	德国与中国相差7个时区，所以出行德国一定要调整好自己的生物钟。此外，德国每年3月份的最后一个星期天开始实行夏令制。
小费	德国有给小费的习惯，甚至可以说导游和司机是以小费为主要收入，机场、酒店的行李搬运工、餐厅的服务员都是要给小费的。一般来说给行李搬运工只需要1欧元即可，导游和司机可以适当多点。
通信	在德国是可以使用国内手机的，不过漫游费是非常昂贵的，如果你想用自己的手机与国内联系，需要先拨打0086，然后再加上地方区号和电话号码即可。另外，在德国的酒店和旅馆内拨打电话也是非常贵的，你可以选择购买当地通用的电话卡，这样会给你省下不少钱。

推荐线路：5条经典线路

德国的旅游资源非常丰富，如果你想在最短的时间内欣赏到更多景色，不妨对自己的线路进行精心的策划，以下5条线路是根据各种信息总结得到的。

01 德国5日畅快游

第1天：中国—法兰克福(法兰克福是大多数中国游客进入德国的第一站。法兰克福是一座高度现代化的城市，这里保留了很多中世纪的作品，主要有罗马广场、歌德故居以及其他的书展、汽车展以及消费品展等，每一个都会让你看得眼花缭乱。)

第2天：法兰克福—科隆(科隆的科隆大教堂是世界最高的教堂之一，这里曾经被称为最接近天堂的教堂，除了大教堂外，你还可以去欣赏莱茵河的美丽景致，让你一天都沉浸在美景之中。)

第3天：科隆—汉堡(汉堡是德国的第二大城市，同时也是德国的重要海港之一，这里有很多值得你细细品味的旅游美景，另外还拥有各式桥梁2300余座，所以汉堡还有"德国通向世界的大门"之称。)

第4天：汉堡—柏林(柏林是德国的首都，城市建筑多姿多彩，漫步在柏林，随处都可以看到历史悠久的古老建筑，让你感受这座城市古典与现代的气氛。)

第5天：柏林—慕尼黑(慕尼黑是德国最繁荣的城市之一，这里最出名的就是一年一度的慕尼黑啤酒节，这时整座城市都沉浸在一片欢乐的气氛之中，如果你恰好这个时期前来度假，那将为你的旅途增添不少色彩，让你感受一次不一样的啤酒节。)—中国

02 德国4日城堡游

第1天：中国—法兰克福—瓦尔特堡(瓦尔特堡是当年马丁·路德在这里将《圣经》翻译成德文，从此以后就非常受人关注。)

第2天：瓦尔特堡—柯尼希施泰因要塞(站在这里你可以俯瞰易北河，非常雄伟、壮观、坚不可摧。)—无忧宫(波茨坦的无忧宫相信游客们都不陌生，非常高雅。)

第1章 玩转德国准备

第3天：无忧宫—海德堡宫—新天鹅堡(新天鹅堡是德国最著名的宫殿，很多游客都是不远千里慕名而来。)

第4天：新天鹅堡—林德霍夫宫(林德霍夫宫是德国最受欢迎的宫殿之一，来到这里你可以看到很多有趣的东西。)—中国

03 德国5日教堂游

第1天：中国—慕尼黑

第2天：科隆大教堂(科隆大教堂是德国最宏伟的教堂，同时也是最大的教堂，其金顶高高矗立，构成一副别样的景致。)—弗赖堡大教堂(这是一座哥特式建筑，它的特色就是拥有很多彩色玻璃窗。)—柏林大教堂(柏林大教堂是德国最大的新教堂)

第3天：阿萨姆教堂—维斯教堂—圣母教堂

第4天：圣雅各布教堂—圣尼古拉教堂—圣母教堂

第5天：法兰克福—中国

04 柏林2日时尚游

第1天：柏林—勃兰登堡门—柏林墙—亚历山大广场—菩提树下大街

第2天：柏林电视塔—柏林动物园—柏林中央车站—德国科技博物馆—德国国家博物馆

05 汉堡2日自然游

第1天：阿尔斯特湖—阿尔斯特公园—汉堡港

第2天：哈根贝克动物园—花卉植物园—码头栈桥

柏林

第 2 章

柏林玩全攻略

柏林必游：5景

柏林印象：解读

柏林攻略：交通

柏林攻略：餐饮

柏林攻略：住宿

柏林攻略：购物

柏林攻略：游玩

柏林必游：5景

柏林拥有丰富多彩的文化、建筑、历史遗迹以及绝佳的风景名胜，你来到德国游玩可能会把大部分时间都花在柏林市内，因为这里的景点确实非常多。下面主要介绍柏林的必游5景。

01 勃兰登堡门

勃兰登堡门见证了德意志民族的兴衰史，从历史意义上说，这座门可以堪称"德意志第一门"和"德国凯旋门"，是一个不得不游的景点。

02 柏林墙

柏林墙经过多次的毁坏，现存的已经只有少数几段了，都作为历史遗迹保留着，

第 2 章　柏林玩全攻略

最长的一段也不过1千米，它见证了德国的分裂与统一，就像一道无法消除的伤疤，永远提醒着柏林人不要忘记当年的血泪和创伤。

03　国会大厦

　　国会大厦位于柏林市中心，它体现了古典式、哥特式、文艺复兴式以及巴洛克式等多种建筑风格，是德国统一的象征。

　　德国国会大厦现在不仅是联邦议会的所在地，其屋顶的穹形圆顶也是最受欢迎的游览圣地，每天都有很多游客前来参观。

达人提示

　　百年沧桑，几经战火，旧国会大厦已是残缺不全，如今所看到的基本上都是后人所重建，但仍然保留了过去的基本特色。

04 菩提树下大街

菩提树下大街是德国首都柏林的著名街道，也是欧洲著名的林荫大道，它东起马克思-恩格斯广场，西至勃兰登堡门，街两边4行挺拔的菩提树，像翠绿的长廊，笔直地伸向勃兰登堡门。

亲历记忆

漫步在菩提树下大街，看着两边历史悠久的古老建筑，吸收着两排翠绿的菩提树所散发出来的自然气息，让我内心一下平静下来，感到无与伦比的舒畅。

05 柏林大教堂

柏林大教堂是一座具有文艺复兴时期风格的大教堂，屋顶的三个大圆顶明显地诠释了这一特点，从视觉上给人一种圆润丰盈的感觉。

第 2 章　柏林玩全攻略

柏林印象：解读

柏林除了是德国的首都，也是德国最大的城市，作为欧洲大陆中心的世界级城市，柏林从未像现在一样充满着创意和生机，每年都吸引着数百万游客到此。

01　历史与区划

历史	柏林的历史背景特别丰富，主要有以下4个时期。①勃兰登堡公国时期。柏林是一个有古老历史的城市，这里最初只是易北河东北的一片沼泽地，有西斯拉夫部落的两个聚落点，直到12世纪，日耳曼人驱逐了定居在这里的斯拉夫部落后，才在施普雷河畔建立两个村镇。②普鲁士王国时期。1701年，腓特烈一世加冕为普鲁士国王，柏林成为普鲁士王国的首都，并在老城区西部修建了大量的巴洛克式和洛可式建筑。③德意志帝国时期。1894年，建筑师瓦洛特建造了国会大厦；到20世纪初，柏林已经在工业、经济和城市建设上达到伦敦、纽约和巴黎的水准，成为又一个世界性的政治、经济和文化中心。④魏玛共和国。在深受20年代经济危机之苦的同时，柏林也进入了新思潮、新艺术层出不穷的时期，这段时期被称为柏林的"黄金的艺术年代"。
区划	柏林共分为12个区，有米特区、弗里德里希斯海因－克罗伊茨贝格区、潘科区、夏洛滕堡－威默尔斯多夫区、施潘道区、施特格利茨－策伦多夫区、藤珀尔霍夫－舍内贝格区、新克尔恩区、特雷普托－克佩尼克区、马灿－海勒斯多夫区、利希滕贝格区以及赖尼肯多夫区。

02　地理与气候

地理	柏林位于德国东北部，四面被勃兰登堡州环绕；施普雷河和哈韦尔河流经该市；北部距离波罗的海；南部距离捷克均不到200千米，柏林位于欧洲的中心地带，是东西方的交汇点。
气候	柏林气候属温带海洋性气候和温带大陆性气候之间的过渡型，年平均气温在10℃左右，全年温差较大，出行柏林需要注意带足衣物。

03 民族与节日

民族	柏林的民族主要是德意志人，总人口达340万。
节日	柏林的节日比较多，主要有柏林国际电影节、国际旅游交易会、柏林文化狂欢节、柏林戏剧节、露天古典音乐会、国际舞蹈节、柏林马拉松以及柏林爵士音乐节。

04 实用信息

饮水	在柏林，自来水都是可以直接饮用的，你可以放心饮用。
上网	在许多青年旅社、酒店以及咖啡厅都可以直接使用无线网络。另外，各大购物中心和火车站都有笔记本电脑上网，只需你投币即可，非常方便。

柏林攻略：交通

柏林作为德国的首都，且兼第一大城市之称，交通非常发达，航空、火车、出租车、公交车、地铁和城铁都有。下面主要对柏林的交通方式进行简单的介绍。

01 航空

柏林是廉价航班的天堂，主要的航空公司有柏林航空公司、德翼航空公司、Germania航空公司、瑞安航空公司、EasyJet航空公司和Volareweb航空公司等。柏林市内的泰戈尔机场、滕佩尔霍夫机场以及舍纳菲尔德机场，都提供地方性和国际往返的航班。

02 火车

柏林的火车站主要有动物园火车站和火车东站，大部分火车在这两个车站都会停，每天会有很多从柏林开往汉堡、汉诺威、法兰克福、纽伦堡以及慕尼黑等地的班车,动物园火车站和火车东站除了提供旅客国内和国际长途服务外,还有行李寄存等服务,其中规模较大的动物园火车站内还可提供洗澡的地方,对于长途旅客非常方便。

03 出租车

在机场、火车站、各大购物场所以及城市的各处都可以看到很多出租车大摆长龙,柏林的出租车起步价为2.3欧元,7千米内每千米是1.58欧元,之后每千米1.2欧元,如果你带了很多行李,则需要另外计费,柏林的出租车预订电话为19410、210101或210202。

04 公交车

柏林市内的公共汽车站是一个H标志,站牌处写明了站名和经过的公交路线,在出发之前一定要看清楚自己的乘车线路。公交车一般都比较慢,但却可以在上面欣赏沿途的风景,非常受大众的喜爱。

05 地铁和城铁

相对公交车而言,柏林的地铁要更快、更高效,每天从4:00~24:00运营,在周末除了少数几条线不开外,其他所有的线路都会通宵运营。柏林的城铁也是非常重要的交通工具,但就是停靠站比较少,班车也不是那么多,游客若有地铁的通票则可以免费乘坐城铁。

柏林攻略：餐饮

德国柏林的烹饪方法主要以烤、焖、串烧等为主,让你每一餐都可以吃到不同口味的美食。一般每个街区都有自己的美食餐厅群,提供的菜肴从当地风味到各国口味,一应俱全。

01 Curry 36

Curry 36提供的咖喱香肠可以说是闻名全城，来到这里用餐将是一个不错的选择。

玩 全 攻 略

- **地址** Mehringdamm 36。
- **路线** 在市内乘坐出租车在餐厅门口下车即可。
- **电话** 030-251-7368。
- **时间** 9:00~16:00。
- **价格** 人均消费2~6欧元。
- **特色菜** 咖喱香肠、特色小吃。

02 Schlemmerbuffet

Schlemmerbuffet的烤汉堡是柏林城内最棒的，如果你想吃汉堡的话就一定要来这里，绝对让你不枉此行。

达人提示

这家店是24小时营业，无论你什么时候来都可以吃到最好吃的烤肉汉堡，每个汉堡的价格大约是2.5欧元，预约电话：030-283-2153。

03 Engelbecken

该餐厅凭借无可挑剔的德国美食，赢得了大众游客的极高评价，这里的烤猪肉、牛肝菌馅饼以及鸭肉配焦糖洋葱已经成为经典。餐厅除了提供美食以外，还有着迷人的湖畔美景，在这里用餐可以让你在享受美食的同时欣赏美景，非常受游客们的喜爱。

第 2 章　柏林玩全攻略

玩全攻略

地址　Witzlebenstrasse 31。
路线　在市内乘坐地铁在夏洛藤堡站下车，出站后步行即可到达。
电话　030-615-2810。
时间　4:00~13:00。
价格　人均消费8~18欧元。
特色菜　烤猪肉、牛肝菌馅饼。

亲历记忆

到Engelbecken用餐是听从一个朋友的建议，他这里的烤猪肉和牛肝菌馅饼非常好吃，果然名不虚传，特别是烤猪肉，吃起来口感非常好。

04　Facil

Facil是Mandala Hotel的一家美食餐厅，一进入餐厅的大门你就可以看到非常漂亮的装饰，有光洁的Donghia座椅、雪白的灯具以及蜂蜜色的天然石质地板，在没有用餐之前就先给你一个视觉上的享受。

这家餐厅有一位米其林认证的星级大厨，里面的菜式都非常好吃，而且价格也不是很贵，让所有人都能承受得起。

05　Cafe Jacquues

讨人喜欢的鲜花、装饰和美味的葡萄酒使这家餐厅成为约会的最佳场所，这里提供美味的法国和北美美食。

德国玩全攻略（图文全彩版）

玩全攻略

地址	Maybachufer 8。
路线	从市内乘坐出租车在餐厅门口下车。
电话	030-694-1048。
时间	16:00~24:00。
价格	人均消费7.5～15欧元。
特色菜	法国和北美美食。

06 Cookies Cream

这家餐厅的用餐环境非常雅致，餐桌上铺着亚麻桌布，主要以提供素食为主。

亲历记忆

来这里吃素食还真是一个不错的选择，虽然菜里面没有肉，但吃起来非常不错。

柏林攻略：住宿

德国首都柏林的住宿地方非常多，基本上每家国际连锁酒店都在这里设置了旗舰店，除此之外还有很多具有活力的青年旅社，不论你是什么样的旅客都可以在这里找到合适的落脚处。

第 2 章　柏林玩全攻略

01 阿德龙凯宾斯基酒店

阿德龙凯宾斯基酒店属于一家高级住宿点，如果你的预算比较高的话，来这里落脚将是一个不错的选择。

玩全攻略

- **地址** Unter den Linden 77。
- **路线** 从机场乘坐出租车或者酒店有专车接送。
- **电话** 030-226-10。
- **时间** 24小时服务。
- **价格** 人均消费320~490欧元。
- **房间** 豪华单人间、标准双人间以及豪华套房。
- **最佳时间** 四季皆宜。

达人提示

这家酒店自开业以来就是柏林最高调的传统保卫者，具有自己鲜明的特色。

02 Hotel de Rome

这座酒店原本是19世纪某银行的总部，后来经过设计师马索·齐费尔的妙手，让这座银行成为了一个非常出名的酒店。其外表看起来既保持了原来那种历史的厚重感，又增添了不少现代的时尚风情，非常具有观赏价值。

达人提示

Hotel de Rome位于Behrensstrasse 37，你可以在入住之前通过电话或网站进行预订，预订热线为030-460-6090。

03 Arcotel John F

这家酒店属于一个中等偏上的落脚处，其装饰是那种不拘一格的形式，房间内还有很多手工雕刻作品和别具特色的台灯，使整个酒店看起来非常时尚。

玩全攻略

地址 Werderscher Markt 11。
路线 在市内乘坐出租车即可直接到达。
电话 030-405-0460。
时间 24小时服务。
价格 人均消费108~280欧元。
房间 标准单人间、以各种颜色为主调的套房。
最佳时间 四季皆宜。

04 Arte Luise Kunsthotel

选择在这里落脚是一个非常不错的决定，每一个宇航员套间和红色闺房，都是艺术家们单独设计出来的，非常漂亮。

达人提示

这家酒店除了大客房外，还有较小的房间，这样的客房显得非常安静。

05 Baxpax Downtown

Baxpax Downtown是一个经济型的住宿地，每天都有很多游客前来入住。

第 2 章　柏林玩全攻略

亲历记忆
我上次去柏林旅行的时候，住过这里，虽然没有其他高级酒店的奢华，但却非常舒服。

06　Wombat's City Hostel Berlin

　　这家青年旅舍是很多背包客喜欢的落脚处，它对细节的重视程度，总是给人留下一种非常深刻的印象。

达人提示
宽敞的客房还带有独立的浴室和厨房，这类客房的价格在100欧元左右，具体情况可以通过电话咨询，电话为030-8471-0820。

柏林攻略：购物

　　柏林市内的每个区都有很多具有特色的购物中心，而且一般营业时间都到晚上8点左右，除了大型购物中心外，还有很多小摊位和购物街之类的，在这里你可以购买到很多小纪念品。

德国玩全攻略（图文全彩版）

01 卡迪威百货公司

卡迪威百货公司是一家名副其实的超级百货公司，经营的商品超过38万种，除精美的品牌产品外，商场里也不乏各种物美价廉的商品出售。

玩全攻略

- **地址** Tauentzienstrasse 21—24。
- **路线** 乘坐U-Bahn地铁1号线、2号线、15号线，在Wittenbergplatz站下车即可；或者乘坐公共汽车119、129、146、185、219在Wittenbergplatz站下车。
- **电话** 030-212-10。
- **时间** 9:30～21:00。
- **价格** 依商品种类而定。
- **最佳时间** 营业时间皆宜。
- **最美看点** 百货公司大厦的建筑风格。

02 阿卡丹

它是一座三层楼的购物中心，有100多个经营各种商品的商店，其中从廉价的Aldi商店到时装店和高档博物馆商店，可谓应有尽有，到这里购物绝对是一个不错的选择。

第 2 章 柏林玩全攻略

玩 全 攻 略

地址	Potsdamer Platz 10785 Berlin。
路线	乘城铁S1，S2，S25至波茨广场站，(Potsdamer Platz)，或乘129、148、200、348路公交车至波茨广场下车。
门票	3.5欧元。
电话	030-2529-4372。
时间	11:00～20:00。
价格	依商品种类而定。
最佳时间	营业时间皆宜。
最美看点	观景台

03 老佛爷百货公司

这家百货公司位于柏林东区市中心的亚历山大广场，是在城市观光途中非常理想的一个购物场所。老佛爷百货公司专营法国时装，云集了世界各大时装公司的经销店。

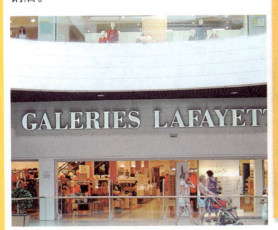

玩 全 攻 略

地址	Quartier 207 Friedrichstrasse 76—78，Mitte。
路线	在柏林市内乘坐U-Bahn地铁在Franzosische Strasse站下车即可。
电话	030-209-480。
时间	9:00～20:00。
价格	依商品种类而定。
特色	主要经营法国时装。
最佳时间	四季皆宜。
最美看点	梦幻般的圆锥体，像万花筒一般。

04 古董市场

古董市场紧靠弗里德里希大街火车站和向哈克广场，这里收集的家具、绘画以及家庭用品种类繁多，另外还有很多介绍柏林的图书以及其他古旧书籍和首饰。

玩全攻略

地址	Georgenstrasse Mitte。
路线	乘坐U-Bahn地铁在Friedrichstrasse站下车；或者乘坐S-Bahn轻轨线路车在Friedrichstrasse站下车即可。
电话	030-2045-4280。
时间	除星期二以外每天都是11:30～18:00，星期二休息。
价格	依商品种类而定。
最佳时间	营业时间皆宜。
最美看点	百货公司的各种古董商品。

05 跳蚤市场

这里是柏林专业性最强、最漂亮，也是最昂贵的跳蚤市场，对爱好柏林的旧书、古董以及艺术品之类的人来说，是一个不可多得的宝库，到这里购物绝对能让你满载而归。

亲历记忆

我在这个跳蚤市场购买了很多的纪念品回来，特别是一些祖辈的珠宝。

第 2 章　柏林玩全攻略

柏林攻略：游玩

柏林的游玩景点非常多，每个区域都有自己的独特之处，必看的景点主要集中在米特区和蒂尔加藤区，在郊外也有很多博物馆和自然景观是值得一游的。

01 勃兰登堡门

勃兰登堡门是横贯柏林大道的中间点，具有一种特别的象征意义，可以说是柏林最重要，也是最著名的旅游景点。

玩全攻略

地址	Pasiser Platz 11017 Berlin。
路线	乘坐地铁S1、S2、S25至菩提树下大街站下车，或者乘坐100、200、248、257、348路公交车可达。
门票	免费。
时间	全天开放。
最佳时间	四季皆宜。
最美位置	勃兰登堡门前。
最美看点	勃兰登堡门的建筑，门顶高处的胜利女神铜像。

亲历记忆

我站在勃兰登堡门边，看着这么有魅力的一个建筑，不得不为当时的柏林感到骄傲。

摄影指导

不同的场景需要选择不同的测光模式，以此来增强画面的表现力，在拍摄勃兰登堡门的时候就可以采用不同的测光模式进行拍摄，这样拍出来的画面更有表现力。

德国玩全攻略（图文全彩版）

02 柏林墙

达人提示

如果你想看看柏林墙的历史和原状，可以到Bernauer Strabe与Bergatrabe路口的柏林墙纪念馆参观，也可以参观磨坊街的画廊。

在第二次世界大战结束以后，德国的东部和西部分裂，柏林墙被分成两部分，而在1989年柏林墙遭到强拆。如今人们所看到的柏林墙只是其中的几段残迹，到这里游玩可以了解一下德国的历史，是一个不错的选择。

摄影指导

在拍摄柏林墙时，可以采用泛焦，当聚焦在超焦距上时，超焦距至无穷远，这样就能表现柏林墙的壮观与延伸之感。

玩全攻略

地址	Muhlensrt 10243 Berlin，柏林东火车站至奥伯鲍姆桥之间。
路线	从市内乘坐城铁S1、S2、S25至菩提树下大街站下车，或乘坐100、200、248、257、348路公交车在勃兰登堡门下车，然后向西步行可达。
门票	免费。
时间	全天开放。
最佳时间	四季皆宜。
最美位置	柏林墙边。
最美看点	柏林墙遗迹。

03 国会大厦

国会大厦曾经是德意志帝国强大的象征，外观气派，呈深灰色，非常值得一游。

亲历记忆

我一看到国会大厦就被吸引住了，真的非常壮观，大厦的大厅四周都是玻璃墙，屋顶是半球形玻璃天窗，从这个天窗往外看，视野也非常开阔。

第 2 章　柏林玩全攻略

玩全攻略

地址	Platz der Republik 111011。
路线	乘坐城铁S1、S2、S25至菩提树下大街站下车，或乘坐100、200、248、257、348路公交车可达。
电话	030-2273-2152。
时间	8:00～24:00。
最佳时间	四季皆宜。
最美位置	国会大厦屋顶。
最美看点	半球形的玻璃天窗。

04 菩提树下大街

菩提树下大街是柏林最著名的街道，来到柏林，人们都会到这里游玩。

摄影指导

在拍摄菩提树下大街时，可以采用水平线构图法，以增强画面伸展的氛围。

玩全攻略

地址	柏林菩提树下大街。
路线	乘坐城铁S3、S5、S7、S9、S75至华沙大街站下车，或乘坐地铁U1、U12、U15至华沙大街站下车，或乘坐140、142、147、340路公交车即可。
门票	免费。
时间	全天开放。
最佳时间	春季或者夏季。
最美位置	大街上。
最美看点	两侧挺拔的菩提树和历史悠久的古老建筑。

05 柏林大教堂

玩全攻略

地址	Am Lustgarten 10178 Berlin。
路线	乘坐有轨电车2、3、4、5、6、15路，或乘坐100、157、348路公交车可达。
门票	5欧元。
时间	9:00～20:00。
最佳时间	4至～9月。
最美位置	教堂前面的草坪上。
最美看点	具有文艺复兴风格的三大圆顶。

柏林大教堂是一座华丽的教堂，地下室是勃兰登堡选帝侯家族、普鲁士王室以及德意志帝王家的埋骨所，具有较浓厚的历史意义。

第 2 章　柏林玩全攻略

06 亚历山大广场

亚历山大广场是柏林的交通枢纽和商业中心，这里每年都会举办德国最大的羊毛交易会，每当这时就非常热闹。你还可以登上柏林最高的电视塔，观看全城的风景，这里是一个绝不容错过的游玩景点之一。

玩 全 攻 略

地址	卡尔·马克思大道与卡尔·李卜克内西街交会处。
路线	乘坐公共汽车100、157、348路，或乘有轨电车2、3、4、5、6，或在Alexanderplatz乘坐地铁U2、U5、U8即可。
门票	免费。
时间	全天开放。
最佳时间	商品交易会时。
最美位置	柏林最高的电视塔。
最美看点	欣赏全城的风景。

07 胜利女神纪念柱

胜利女神纪念柱是蒂尔加藤公园的标志，远远地就能看见，非常壮观。

玩 全 攻 略

地址	Siegessaule。
路线	乘坐100路公交车，在Grosser Stem站下车即可。
门票	1欧元。
时间	9:30～16:30。
最佳时间	四季皆宜。
最美位置	胜利女神纪念柱旁。
最美看点	胜利女神像。

德国玩全攻略（图文全彩版）

08 宪兵广场

宪兵广场是德国最美的广场之一，四周环绕着德国大教堂、法国大教堂以及音乐厅，美丽和谐的氛围吸引了很多游客前来观赏。

玩 全 攻 略

地址	Gendarmenmarkt 10117 Berlin。
路线	乘坐地铁U2、U6在Stadtmitte站下车，或者乘坐100、142、147、157、200、267、348路公交车直达。
门票	免费。
时间	全天开放。
最佳时间	四季皆宜。
最美位置	广场上。
最美看点	美丽广场、周围的建筑以及各种雕像。

摄影指导

在拍摄这种广场时，可以选择一个较高的角度作为拍摄点，使画面产生空间感。

09 大屠杀纪念馆陵园

大屠杀纪念馆陵园记录了"二战"时期德国纳粹对犹太人实施大屠杀的事件，在这里可以了解犹太人受害的痛苦历程。

第 2 章 柏林玩全攻略

玩 全 攻 略

- **地址** Pariser Platz 11017 Berlin。
- **路线** 乘坐城铁S1、S2、S25在菩提树下大街站下车，或乘坐100、200、248路公交车即可。
- **电话** 030-2639-4336。
- **时间** 全天开放。
- **门票** 免费。
- **最佳时间** 四季皆宜。
- **最美看点** 2751块水泥墓碑。

10 博物馆岛

这里位于施普雷河的两条河道的交汇处，故称为岛。这个小岛街道整洁、绿树成荫、空气清新、风景优美，岛上的主要建筑基本上都是博物馆。

达人提示

岛上的建筑也是一种独特的文化遗产，每年都有很多游客慕名而来。

玩 全 攻 略

- **地址** Unter den Linden。
- **路线** 乘坐城铁S3、S5、S7、S9、S25、S75在Hackescher Mark站下车，或乘坐100、147、157、257、348路公交车，或乘坐2、3、4、5、6、15、53、58路有轨电车直达。
- **电话** 030-242-3333。
- **时间** 依照各景点而异。
- **门票** 国立博物馆联票6欧元。
- **最佳时间** 四季皆宜。
- **最美看点** 各类博物馆。

德国玩全攻略（图文全彩版）

11 老博物馆

老博物馆是博物馆岛上的第一个博物馆，具有非常独特的古典气质，是一个不容错过的景点。

玩全攻略

地址	Unter den Linden。
路线	从博物馆岛步行10分钟即可到达。
时间	10:00～18:00。
门票	三日票10欧元。
最佳时间	四季皆宜。
最美位置	老博物馆大厅。
最美看点	雕塑、绘画以及各种工艺品。

12 老国家画廊

老国家画廊建于1876年，外形看起来就像希腊的神殿一般，是一座连空气都弥漫着艺术气息的美术馆。

玩全攻略

地址	Unter den Linden。
路线	乘坐100路公交车在Lustgarten站下车，步行5分钟即可到达。
时间	10:00～18:00。
门票	8欧元。
最佳时间	四季皆宜。
最美位置	老国家画廊内。
最美看点	雕刻作品，莫内、赛尚以及戈雅等艺术家的画作。

摄影指导

拍摄这种特色建筑时镜头的选择是非常重要的，一般多选用广角镜头，因为这种建筑比较高大，从近距离拍摄时只有采用广角镜头才能拍出整体的效果。

13 贝加蒙博物馆

贝加蒙博物馆是博物馆岛上最年轻的一座，建于1930年，气势非常宏伟。

玩全攻略

- **地址** Unter den Linden。
- **路线** 从老国家画廊步行5分钟，即可到达。
- **时间** 10:00～18:00。
- **门票** 8欧元。
- **最佳时间** 四季皆宜。
- **最美位置** 博物馆内。
- **最美看点** 中国古代瓷器、丝织品等。

14 蒂尔加藤公园

蒂尔加藤公园内存有大片的天然树林遗迹，另外还有一些著名的雕塑，就连德国总统的官邸美景宫和钟楼也位于园内，来这里游玩绝对是一个不错的选择。

玩全攻略

- **地址** 柏林市中心蒂尔加藤区。
- **路线** 乘坐地铁S1、S2在Unter den Linden站下车，然后步行5分钟即可。
- **时间** 全天开放。
- **门票** 免费。
- **最佳时间** 春季或夏季。
- **最美位置** 园内的雕塑区。
- **最美看点** 凯旋柱、俾斯麦以及普鲁士将军的雕像。

15 柏林故事博物馆

玩全攻略

地址 Kurrstendamm 2007-208 10719 Berlin Charlottenburg。

路线 乘坐U1至Uhlandstr站下车，然后沿着Kurfurstendamm向西步行即可到达。

电话 030-8870-0100。

时间 10:00～20:00。

门票 21欧元。

最佳时间 四季皆宜。

最美位置 故事博物馆内。

最美看点 23个不同展厅所展现的历史，将军的雕像。

柏林故事博物馆是一所全面展现柏林历史，特别是冷战时期历史的博物馆。这座博物馆是由原子弹避难所改建而成，无论是从它的外观看，还是里面所展现的文物都非常具有观赏价值。

16 军械库

亚历山大广场北面的军械库是柏林最活跃的地区之一，自从统一之后，它又重新担任了城市的犹太社区中心的历史角色，更特别的是奥拉尼堡大街上重建的新教堂，非常漂亮，金色圆顶若隐若现，这是见证城市发展的灯塔。

达人提示

军械库是柏林第一个巴洛克式的大型建筑，建成于1706年。

第 2 章　柏林玩全攻略

玩 全 攻 略

地址	柏林亚历山大广场北。
路线	乘坐公共汽车100、157、348路，或乘有轨电车2、3、4、5、6，或在Alexanderplatz乘坐地铁U2、U5、U8即可。
时间	依照各店铺具体开业时间而定。
最佳时间	10:00～18:00。
最美位置	园内的雕塑区。
最美看点	一座三角形并带有玻璃旋转塔的新建筑。

17 柏林爱乐大厅

爱乐音乐厅的外形由内部的空间形状所决定，整个建筑物的内外形体都极不规整，难以形容，充满现代美感。

玩 全 攻 略

地址	柏林市中心蒂尔加藤区。
路线	从蒂尔加藤公园步行即可到达。
时间	全天开放。
门票	依各音乐活动而异
最佳时间	四季皆宜。
最美位置	爱乐大厅。
最美看点	爱乐大厅的结构和设计。

18 夏洛特城堡

夏洛特城堡是一座典型的巴洛克式宫殿，位于露丝广场，也算是柏林地区保存最好的古建筑物之一。

德国玩全攻略（图文全彩版）

玩 全 攻 略

地址	Spandauer Damm 10—22，14059。
路线	乘坐地铁S41、S42、S46在Westend站下车，然后向东步行即可。
电话	030-320-911。
时间	9:00～18:00。
门票	旧宫10欧元，新宫6欧元。
最佳时间	4至9月。
最美看点	夏洛特城堡。

19 埃及博物馆

埃及博物馆位于夏洛特城堡的对面，这里收集了古埃及的上千件文物，每一件都是非常精致的作品。

玩 全 攻 略

地址	夏洛特城堡的对面。
路线	从夏洛特城堡步行5分钟即可到达。
电话	030-3435-7311。
时间	10:00～18:00。
门票	6欧元。
最佳时间	四季皆宜。
最美位置	博物馆内。
最美看点	Nefertiti王妃的头像和其他古埃及的艺术作品。

第 2 章　柏林玩全攻略

20　贝加伦博物馆

　　贝加伦博物馆由德国著名的收藏家因茨·贝加伦所创立，属于一家私人博物馆，馆内收藏了大量毕加索的作品，除此之外还有克里、马蒂斯以及贾科梅蒂的作品。

玩 全 攻 略

地址	Schlos Str 1，14059 Berlin。
路线	乘坐地铁S41、S42、S46在Westend站下车，然后向东步行可达。
电话	030-326-9580。
时间	10:00～18:00。
门票	8欧元。
最佳时间	四季皆宜。
最美看点	毕加索、克里等人的作品。

摄影指导

　　在贝加伦博物馆内展示的全是比较珍贵的艺术作品，要想拍出那种真实的感觉，就一定要选择好的镜头和拍摄角度。

21　查理检查站

玩 全 攻 略

地址	Friedrichstr 43—45，10969 Berlin。
路线	乘坐U6至Kochstr站下车即可。
电话	030-253-7250。
门票	12.5欧元。
最佳时间	四季皆宜。
最美位置	检查站。
最美看点	冷战时期的各种交通工具。

　　查理检查站是冷战时期非德国人通行的关口，在这里你可以了解当时的历史。

德国玩全攻略（图文全彩版）

22 联邦总理府

联邦总理府是柏林新建政府区最为醒目的建筑之一，由著名建筑师Axel Schultes和Charlotte Frank联合设计，外观为白色，非常漂亮。

玩全攻略

地址	Willy-Brandt-Strabe Berlin。
路线	乘城铁S3、S5、S7、S9、S75在莱特车站下车，或乘坐245、248、340路公交车在莱特车站下车。
时间	全天开放。
门票	免费。
最佳时间	四季皆宜。
最美位置	总理会见层。
最美看点	透过玻璃或站在阳台上看蒂尔加藤公园的美景。

摄影指导

在拍摄联邦总理府时，可以借用侧光拍摄，以显示出建筑的立体结构和色彩感。

23 民族学博物馆

柏林民族学博物馆是德国最大的民族学博物馆，这里的规模之大以及收藏物品之多，绝对让你想象不到。

玩全攻略

地址	Lansstrasse 8。
路线	乘坐地铁U1至Dahlem-Dorf村站下车即可。
时间	10:00～18:00。
门票	联票6欧元，三日票10欧元。
最佳时间	四季皆宜。
最美位置	博物馆内。
最美看点	独一无二的收藏品。

24 红色市政厅

红色市政厅是一座具有文艺复兴时期风格的建筑，现任市长就住在这里，由于全用红砖砌成，因此被称为"红色市政厅"。

玩全攻略

地址	Rathaus Str.。
路线	乘坐100路公交车至Spandauer Str站下车，然后步行5分钟即到。
电话	030-902-60。
时间	全天开放。
门票	免费。
最美位置	海神喷泉旁。
最美看点	市政府独特的魅力。

25 包豪斯文献馆

包豪斯文献馆是史上颇具代表性的经典作品，简洁的线条和现代元素是这一建筑的特色，每年都吸引很多游客前来参观。

玩全攻略

地址	Kingelhoferstr 14，10785 Berlin。
路线	乘坐地铁U1、U2、U3、U4至Nollendorfplatz站下车，或乘坐100、106、107路公交车即可。
电话	030-254-0020。
时间	10:00～17:00。
门票	7欧元。
最佳时间	四季皆宜。
最美看点	文献馆的建筑风格。

摄影指导

包豪斯文献馆是一个极具特色的建筑物，所以在拍照时就一定要抓住这一特点，进行全方位的刻画。

26 尼古拉教堂

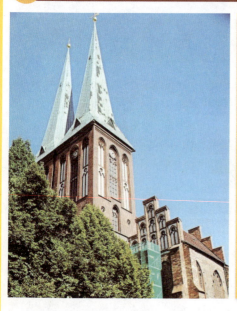

玩全攻略

地址	Nikolaikirchplatz 5，10178 Berlin，Deutschland。
路线	乘坐地铁U2至Klosterstrasse站下车即可到达。
电话	030-2472-4529。
时间	10:00～18:00。
最佳时间	四季皆宜。
最美位置	教堂内。
最美看点	教堂内各种历史的图片、文物以及资料。

尼古拉教堂算是柏林市内历史最悠久的教堂，教堂内通过各种图片、文物以及资料向游客展现柏林的风土人情，来这里游玩是一个绝佳的选择。

27 东德博物馆

玩全攻略

地址	Karl-Liebknicht-Str 110178 Berlin。
路线	乘坐城铁S7、S9至Hackescher Markt站下车即可。
电话	030-8471-23731。
门票	5.5欧元。
最佳时间	四季皆宜。
最美位置	博物馆内。
最美看点	东德的文物和汽车。

东德博物馆主要以"二战"时期的东德为主题，让来到这里的每一位游客都能体验那个年代的情景，如果你喜欢的话，千万不要错过这里。

第 2 章　柏林玩全攻略

28　柏林电视塔

柏林电视塔位于亚历山大广场和共和国广场之间，塔身顶端的圆球为钢架结构，圆球内共有七层，游客可以在观景台处看到整个城市叹为观止的景观，非常有魅力。

玩全攻略

地址	Panoramastr 1A 10178 Berlin。
路线	乘坐地铁U2、U5、U8，或者乘城铁S3、S6、S7，或乘坐100、142、157、200、257、348路公交车至亚历山大广场站下车即可。
时间	9:00～次日1:00。
门票	6欧元。
最佳时间	晚上。
最美位置	观景台。
最美看点	柏林最高的建筑和整个柏林迷人的夜景。

达人提示

柏林电视塔上有根118米高的电视天线，总高为368米。

摄影指导

在拍摄电视塔时，可以站在接近电视塔的边上，举起相机采用仰视的角度来拍摄，这样才能更好地表现它的高大和雄伟。

亲历记忆

来到柏林电视塔游玩是在一个晚上，站在下面抬头望去都看不到顶，使我真正感到兴奋的是登上203米高的观景台的时候，看到柏林的夜景非常迷人。

29　斯塔西博物馆

斯塔西博物馆位于柏林东部郊区，在这里你可以看到冷战时期的各种谍报工具，包括袖珍照相机、带有录音功能的圆珠笔以及隐藏的摄像设备等，甚至还有一些你连名字都没听过的谍报工具，到这里游玩绝对让你不枉此行。

德国玩全攻略（图文全彩版）

玩全攻略

地址 Ruschestr 103，Haus 1，0,165 Berlin。
路线 乘坐地铁U5至Magdalenenstr站下车即可。
电话 030-553-6854。
时间 11:00～18:00。
门票 4欧元。
最佳时间 四季皆宜。
最美看点 各种谍报工具。

达人提示

在斯塔西博物馆大楼的一楼大厅中，还展示了一部历史防侦车，这辆车还在《窃听风暴》这部电影中出现过，非常有意义。

摄影指导

斯塔西博物馆中有很多细小的谍报工具，在拍摄时可以采用微距镜头来拍摄，以清晰地展示各自的特征。

30 东亚艺术博物馆

东亚艺术博物馆从外观看没有一点多余的装饰，但里面收藏的文物却非常多，而且每一件都特别珍贵。

第 2 章　柏林玩全攻略

玩全攻略

- **地址** Takustrabe 40，14195 Berlin。
- **路线** 在柏林市内乘坐出租车即可。
- **电话** 030-830-1361。
- **时间** 10:00～18:00。
- **门票** 3欧元。
- **最佳时间** 四季皆宜。
- **最美看点** 各国的文物。

达人提示

馆内现藏品主要来自中国、日本和韩国，共计12000件，其中中国文物有2000多件。馆内的几件镇馆之宝其中最著名的要属中国的一件商钺。

摄影指导

在东亚艺术博物馆内拍摄时，可以采用短焦距镜头，以呈现最完美的文物。

汉堡

第 3 章

汉堡玩全攻略

汉堡必游：3景
汉堡印象：解读
汉堡攻略：交通
汉堡攻略：餐饮
汉堡攻略：住宿
汉堡攻略：购物
汉堡攻略：游玩

德国玩全攻略（图文全彩版）

汉堡必游：3景

汉堡是德国的第二大城市，仅次于柏林。在最近几年内，丰富的旅游资源使汉堡的旅游业迅速发展起来。下面主要介绍汉堡的必游3景。

01 汉堡市政厅

汉堡市政厅位于风光秀丽的阿尔斯特湖边，整座市政厅都是用砂岩为材料建造而成的，其建筑风格为新文艺复兴风格，整个感觉都非常豪华。

02 阿尔斯特湖

阿尔斯特湖分为内湖和外湖两个部分，两个湖泊就像两颗明珠镶嵌在市区的中央，风景如画。美丽的湖面上，彩帆点点，不时还有天鹅优雅地穿梭在波光粼粼中，绝对让你看得如痴如醉，是一处不可不游的景点之一。

第 3 章　汉堡玩全攻略

03 汉堡艺术馆

　　汉堡艺术馆是一座历史悠久的建筑，最引人注目的是中央位置新建的正方体建筑。

　　该馆收藏了从中世纪到现代的很多艺术品，也曾举办各大美术学校的许多活动，以及引人注目的各种大型展览，每一样都让你看得眼花缭乱，来这里游玩绝对是一个不错的选择。

达人提示

　　今天的这座艺术馆，拥有最现代化的设施和德国最大的博物馆交流范围。

汉堡印象：解读

汉堡是一座拥有1000多年历史的城市，属于德国的古老城市之一。如今，汉堡不仅是德国的第二大城市，而且是最重要的海港和最大的外贸中心。

01 历史与区划

历史	汉堡的历史背景非常丰富，通过以下汉堡的4个重要历史事件就能明白。 (1) 在1806—1814年这段时间内是被拿破仑的军队所占领，在给汉堡带来民主的革新的同时，也带来了巨大的经济和社会苦难。 (2) 1842年的大火灾。在这次火灾中城市的1/3被烧毁，但这场火灾也使汉堡得以进行新的现代化建设。 (3) 1943年的轰炸。这次轰炸使汉堡大部分被摧毁，几万人死亡，给汉堡人民带来的沉重打击是不可挽回的。 (4) 1962年的大洪水。德国北部的广大地区和汉堡都被淹没在水中。
区划	汉堡分为7个区域，分别是：汉堡中、阿通纳、Eimsbüttel、汉堡北、万茨贝克、伯格多夫以及哈堡，加上下萨克森和Schleswig-Holstein州的邻近区域，共同组成大汉堡都会区。

02 地理与气候

地理	汉堡的地理坐标是北纬53°33′、东经10°0′，位于易北河、阿尔斯特和比勒河三河的交汇处，总面积达755平方千米。
气候	汉堡的气候属于温带型，最高气温在20℃，最低气温为10℃，年平均气温在15℃左右，一年的温差不是很大，非常适合度假。

03 人口与节日

人口	汉堡的人口大约为173万，其中外国人占15.3%，华人近2万余人。
节日	汉堡的节日比较多，主要有大型流动游乐节、港口节、埃尔斯特湖游乐节以及隆重的圣诞节。

第3章 汉堡玩全攻略

04 实用信息

歌剧	汉堡在歌剧领域十分出名，德国的第一座公共歌剧院便于1678在汉堡落成，当时热爱艺术的汉堡人要求拥有一个为所有人开放的歌剧院，而非只为贵族阶级。
汉堡大学	汉堡大学是一座位于德国汉堡市的大学，它是德国最大的大学之一，建立于1919年，每年都为世界培养出很多优秀人才。

汉堡攻略：交通

汉堡的交通十分发达，市内河道纵横，有2000多座桥梁，主要河道的河底也有隧道相通。下面主要介绍汉堡的主要交通方式。

01 游船

汉堡是德国北部最大的城市和港口，是世界级大港，被誉为"德国通往世界的大门"，世界各地的远洋轮船来德国时，都会在汉堡港停泊，国内的游客可以选择乘坐游轮到达汉堡。

在汉堡市内可以选择乘坐游船观光整个城市的美景，这种方式算是游览汉堡的最佳方式之一，游客可以好好利用。

02 地铁

汉堡的轨道交通可以用USAR来表示，USAR中的U指的是地铁(U-Bahn)，S指的是城内高架快速列车(S-Bahn)，A指的是城郊快速连接火车(AKN-Anschlussbahn)，R指的是地区火车(R-Regionalbahn)。汉堡共有3条地铁线、6路城内快速高架列车、3路城郊快速连接火车以及9路地区火车。

如果你想在自动售票机上购买一张地铁或城市轻轨票,必须先在旁边的名单上找出目的地车站,接着把这个车站旁的数字通过按键输入自动售票机内,之后显示器上就会出现相应的车票价格,非常方便。

03 公交车

汉堡的公交系统非常发达,游客可以乘坐公交车到达各大景点,并且车内除了提供德语导游外还提供英语解说,方便国外朋友,但是游客出发之前一定要弄明白自己所要乘坐的路线。

汉堡攻略:餐饮

汉堡属于海港城市,海鲜自然成为这座城市的热门食物,从传统的地方菜到各国的美食,应有尽有。

01 Panthera Rodizio

亲历记忆

来到汉堡的这条最具活力、最具人气的美食街,我选择了Panthera Rodizio餐厅用餐,尝了店内有名的烤肉串,外香内嫩,非常好吃。

Panthera Rodizio位于汉堡最活跃的一条美食街上,这里的特色是SpezialitatRodizio自助餐,还有就是分量超多的烤肉串,绝对让你吃得尽兴。

玩全攻略

地址 Ditmar-Koel-Strasse。
路线 从市内乘坐出租车在美食街下车,然后步行即可到达。
电话 040-1378-6370。
时间 12:00~次日1:00。
价格 人均消费10~23欧元。
特色菜 SpezialitatRodizio自助餐和烤肉串。

第 3 章　汉堡玩全攻略

02　Café Unterder Linden

Café Unterder Linden主要提供德国的传统地方菜、大碗咖啡和典型的小餐馆餐饮。

达人提示

这家餐厅非常受男同性恋的欢迎，每天都可以看到很多这样的人在这里用餐。

03　La Vela

La Vela位于易北河岸，餐厅的整体装饰非常简洁，没有多余的奢侈。但店内的菜却是非常好吃，而且你还能坐在餐厅内欣赏易北河的美景。

玩全攻略

地址　Grosse Elbatrasse 27。
路线　乘坐巡游的渡轮可以到达。
电话　040-3869-933。
时间　12:00～23:00。
价格　人均消费8～24欧元。
特色菜　各种德国的特色主菜和多种多样的葡萄酒。

亲历记忆

选择这家餐厅只是想看易北河的风景而已，但令我没想到的是还能品尝到非常好吃的菜，还有各种品牌的葡萄酒，真是让我有一饱口福的感觉。

04 Sagres Plus

在St Pauli Landungsbrucken附近一带有一些很不错的葡萄牙和西班牙餐馆，Sagres Plus就是其中一个，这里专门提供葡萄牙风味的新鲜鱼，每天都是爆满。

玩全攻略

地址	Vorsetzen 52。
路线	乘坐巡游的渡轮可以到达。
电话	040-3869-933。
时间	10:00～21:00。
价格	人均消费10～30欧元。
特色菜	西班牙的特色美食和葡萄牙风味的新鲜鱼。

05 Cuneo

这家餐厅始建于1905年，已经有很多年的历史，属于一家传统餐厅，每天都有很多游客前来用餐。

达人提示

Cuneo提供的是地道的意大利菜肴，酒也都是意大利的，量足味道好，而且室内装饰也非常漂亮，墙为红色的，而且还挂有名画，气氛相当好。

第 3 章　汉堡玩全攻略

06 Den Danskel Heretord

这家餐馆主要提供鳗鱼、小虾以及鲱鱼等海鲜，除此之外还有羊肉等主菜，可供选择的菜式非常多，可以满足各类游客的口味，餐厅内还有很多风景画，整个环境让人感觉非常舒服。

亲历记忆

我非常喜欢吃海鲜，经过朋友的推荐才来到这家餐厅，这里的海鲜真的很好吃。

汉堡攻略：住宿

汉堡的高级住宿基本上位于美丽的阿尔斯特湖畔，而经济型的旅馆大多集中在离湖畔较远的地区。下面主要介绍6家热门住宿酒店。

达人提示

汉堡的小城市吕贝克远离市区的喧闹，也有各种档次的酒店，特别适合那些喜欢安静的游客居住。

01 Hotel Side

达人提示

这家酒店还提供各国风味的美食，特别是亚洲美食，非常受游客们的喜爱。

Hotel Side是一家位于汉堡市中心的高档酒店，格调高雅、风格时尚，深受富人们的喜爱，如果你的预算也比较高的话，不妨尝试一次。

玩全攻略

地址	Drehbahn 49。
路线	在市内乘坐出租车可直接到达酒店门口。
电话	040-309-990。
时间	24小时。
价格	人均消费170～300欧元。
房间	豪华套房、标准单人间以及泳池套房。
最佳时间	四季皆宜。

02 Hotel Atlantic

这家酒店非常富丽堂皇，其设计风格也是全海洋风的，不管是楼梯、走廊还是房间都带有海洋色彩。

玩全攻略

地址	Ande Alster 72—79。
路线	可以在汉堡的各个港口和海岸乘坐游轮。
电话	040-288-80。
时间	24小时。
价格	人均消费270～500欧元。
房间	252间房间、豪华套间、宝马套房、詹姆士·邦德套房。
最佳时间	四季皆宜。

第 3 章　汉堡玩全攻略

03　Schanzenstern

　　Schanzenstern地处一个生机勃勃的社区，是一家别具风格的老牌店，白天在房间内可以欣赏到美丽的景致，另外酒店内还有一个小巧而又时髦的咖啡馆。

玩 全 攻 略

- **地址**　Bartelsstrasse 24—26。
- **路线**　在市内乘坐出租车可直接到达。
- **电话**　040-439-8441。
- **时间**　24小时。
- **价格**　人均消费18~60欧元。
- **房间**　单人间、双人间以及三人间。
- **最佳时间**　四季皆宜。

亲历记忆

这家酒店虽然没有其他高档酒店那般奢华，但住起来却非常舒服。

04　A&O Hamburg Hauptbahnhof

玩 全 攻 略

- **地址**　Amsinckstrass 10。
- **路线**　在汉堡市中心搭乘出租车可直接到达。
- **电话**　040-8094-75110。
- **时间**　24小时。
- **价格**　人均消费12~32欧元。
- **房间**　配独立卫生间的单独房间。
- **最佳时间**　四季皆宜。

　　这是一个经济型的酒店，而且位于汉堡的市中心，特别适合喜爱喧闹的背包旅客居住，非常方便。

05 DAS Hotel Hamburg-Centrum

DAS Hotel Hamburg-Centrum位于汉堡圣格奥尔格附近，附近的景点也非常多，主要有德意志戏剧院、汉堡艺术馆、Monkebergstrasse、汉堡市政厅以及圣米迦勒教堂。

达人提示

当每间房入住人数超出酒店规定此房型基础价格所适用的入住人数时，酒店将收取额外费用。另外，加人费不等于加床费，如需要加床，应联系酒店申请加床，并支付加床费用。

06 Grand Elysee Hamburg

Grand Elysee Hamburg位于汉堡罗森伯姆附近，靠近汉堡大学、汉堡艺术馆和大会堂等景点，非常受游客们的喜欢。

达人提示

在入住之前可以通过酒店电话或网站进行预订，并且凭借带照片的身份证明、护照以及通行证等入住，酒店退房时间在12:00之前，入住时间开始于14:00之后。

第3章 汉堡玩全攻略

汉堡攻略：购物

汉堡作为德国的金融商贸城市之一，最突出的特点莫过于城内的11条现代化的大型购物拱廊，在这里逛街可以一边享受购物的愉快，一边欣赏拱廊周围的美丽风景。汉堡有世界各地的名牌专卖店，每年都能吸引很多追求时尚的人们前来光顾。

玩全攻略

地址	Jungfernstieg。
路线	乘坐地铁U3到Jungfernstieg站下车即可。
时间	依各商店不同而定。
价格	依商品种类而定。
最佳时间	营业时间皆宜。
最美位置	少女堤。
最美看点	美丽的自然景观和各种各样的商品。

01 少女堤

少女堤不仅是一个著名的旅游景点，而且还是一个购物天堂，在这里可以买到各种文化商品，还有各种极具特色的商品出售，来这里购物绝对是一个不错的选择。

02 新堤岸大街

新堤岸大街是一条著名的购物街，在这里可以买到你想买的任何东西，来这里购物将是一个不错的选择。

亲历记忆

我在汉堡游玩的时候就常到这条街上购物,这里有很多世界各地的名牌专卖店,包括Joop、Armani、KarlLagerfeld、Versace、HugoBoss、Prada、JilSander以及Lancome等,除了这些世界名牌外,还有德国世界闻名的万宝龙和妮维雅,让我看得眼花缭乱。

03 汉堡鱼市场

汉堡鱼市场是德国国内规模最大的周日市场,只是在周日才营业。虽然其名字为鱼市场,但其实并不只是卖鱼,市场内还有很多蔬果、服装、饰品以及各种手工艺品出售。

每一个周日这里都是人山人海,仅这种热闹非凡的气氛就能吸引很多游客前往。

玩全攻略

- **地址** GroseElbstr 9,22767 Altona。
- **路线** 乘坐城铁S1、S2、S3至Reeperbahn站下车即可。
- **电话** 040-3232-0420。
- **时间** 3月15日~11月14日每周日5:00~9:30。其余月份都是7:00~9:30。
- **价格** 依商品种类而定。
- **最佳时间** 营业时间皆宜。
- **最美看点** 各种各样的商品。

亲历记忆

在没来汉堡鱼市场之前,朋友就曾推荐过,于是我特意安排了一个周日的早晨,去看一看这久负盛名的鱼市场,还没进入市场就已经听到了此起彼伏的叫卖声,非常热闹,在这里我买了一些手工艺品回家。

第 3 章 汉堡玩全攻略

汉堡攻略：游玩

汉堡作为德国的第二大城市，除了经济发达以外，旅游资源也特别丰富，到德国游玩汉堡是不可错过的城市。

01 汉堡市政厅

汉堡市政厅是汉堡著名景点之一，共有房间647间，比英国白金汉宫还要多6间，其内部装潢风格是新文艺复兴、巴洛克和古典风格。

玩全攻略

地址	Rathausmarkt。
路线	乘坐地铁U3至Rathaus站下车，或者乘坐31、34、35、36、37路公交车在Rathausmarkt站下车即可。
电话	040-7038-3399。
门票	1.5欧元。
时间	10:00～15:00。
价格	依商品种类而定。
最美位置	钟塔上。
最美看点	象征德意志统一的大鹰帝国。

亲历记忆

步入市政厅，首先看到的是由16根石柱支撑起的大厅，还有立在石柱上的64个名人浮雕像。

摄影指导

站在钟塔上采用俯视的角度去拍摄，这样就可以将拍摄区域内的建筑物整体布局纳入画面之中，给人一种居高临下、一览无余的感觉。

02 阿尔斯特湖

阿尔斯特湖是汉堡的一个著名旅游景点，除了本身的自然风光外，还有周围所环绕的各种建筑，给阿尔斯特湖增添了一种独特的美，让人有一种恬静、闲适之感，这样的景致完全不愧于"汉堡市的明珠"之称。

摄影指导

在拍摄阿尔斯特湖时可以选择远景对焦的方式来拍，对于距离画面较远的景物对焦可增大画面的范围，在画面中保留更多的中景、远景的细节，使画面空间感更强。

玩全攻略

地址	位于汉堡市政厅广场东侧。
路线	乘坐地铁U3到Rathaus站下，或乘公共汽车31、34、35、36、37、102路到Rathausmarkt站下，或由中央车站步行15分钟即可。
门票	免费
时间	全天开放。
最佳时间	春季或者夏季。
最美位置	阿尔斯特湖周围。
最美看点	湖畔的精美雕像、美丽的自然风光以及优雅的天鹅。

03 汉堡艺术馆

汉堡艺术馆有不同的展区，每一个展区都能带给参观者不同一般的感受，来到这里体验绝对是一个不错的选择。

第 3 章　汉堡玩全攻略

玩 全 攻 略

地址	Glockengieserwall，20095。
路线	从汉堡中央车站步行约2分钟即可达到。
电话	040-4281-31200。
时间	10:00～18:00。
最佳时间	四季皆宜。
最美位置	艺术馆内。
最美看点	伦勃朗、鲁本斯、卡纳列托以及郎格、马奈等画家的作品。

04　汉堡港

汉堡港是德国最大的港口，也是欧洲第二大集装箱港，始建于1189年，迄今已有800多年的历史，逐渐发展成为世界上最大的自由港。每年的5月份，在汉堡港口还会有芭蕾舞表演、大型帆船检阅以及烟火表演等节目，深受游客们的喜爱。

玩 全 攻 略

地址	Landungsbruecken。
路线	乘坐地铁U3至Landungsbruecken站下车，或者乘坐城铁S1、S3至Landungsbruecken站下车即可。
门票	免费。
时间	全天开放。
最佳时间	每年5月份。
最美位置	汉堡港口。
最美看点	德国最大的自由海港繁忙的装卸景象，以及芭蕾舞表演、大型帆船检阅以及烟火表演等节目。

05 汉堡微缩景观世界

汉堡微缩景观世界是一座拥有4000平方米的景观世界，这里微缩的景观主要有铁轨、火车、塑像以及其他自然景观，非常吸引人。

玩全攻略

- **地址** 汉堡仓库城内。
- **路线** 乘坐地铁U3至Baumwall站下车即可到达。
- **时间** 9:00～18:00。
- **最佳时间** 四季皆宜。
- **最美位置** 微缩景观世界中。
- **最美看点** 世界上最大的数控铁路模型、各种规模的其他微缩模型。

06 圣尼古拉纪念馆

圣尼古拉纪念馆的前身是圣尼古拉教堂，它曾是汉堡的5座主要教堂之一，如今却成为一座废墟，用作纪念，不过仍然是汉堡的第二高建筑。

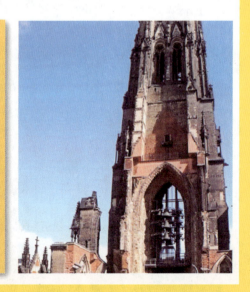

玩全攻略

- **地址** Willy-Brandt-Str60，20457。
- **路线** 乘坐地铁U3至Rodingsmark站下车，然后沿着Willy-Brandt-Str向东步行即可到达。
- **门票** 免费。
- **时间** 全天开放。
- **最佳时间** 四季皆宜。
- **最美位置** 纪念馆前。
- **最美看点** 19世纪的世界最高建筑。

第3章 汉堡玩全攻略

07 胡尔柏之屋

玩 全 攻 略

地址	Monckeberg Strase。
路线	在汉堡市内乘坐出租,大概需要20分钟的车程。
门票	免费。
时间	全天开放。
最佳时间	四季皆宜。
最美位置	胡尔柏之屋外。
最美看点	胡尔柏之屋的古典优雅的外观。

胡尔柏之屋曾经是昔日的艺术品交易市场,代表着汉堡过去辉煌的贸易历史。

08 仓库城

仓库城街区是汉堡最引人注目的街区,这里除了有水陆连绵的自然景观外,还有各种井然有序的红砖楼房以及小巧的铁桥,来这里游玩绝对是一个不错的选择。

摄影指导

在拍摄仓库城的夜色时,可以借助各种灯光来营造迷幻的效果。

玩 全 攻 略

地址	位于汉堡城市的南端布洛克岛。
路线	乘坐地铁U3在Baumwall站下车,或乘坐U1在Mesberg站下车,然后向西步行可达。
门票	免费。
时间	全天开放。
最佳时间	晚上。
最美位置	铁桥上。
最美看点	欣赏仓库城的哥特式建筑和美丽的夜色。

09 汉堡地牢

汉堡地牢是一个结合历史、游乐场以及鬼屋等形式的娱乐场所，到这里游玩可让你体验一次充满紧张和惊险的行程。

玩 全 攻 略

地址 Kehrwieder2，20457。
路线 乘坐地铁U3在Baumwall站下车，然后沿AmSandtorkai向东步行可达。
电话 040-3600-5520。
时间 11:00～17:00。
门票 20欧元。
最佳时间 四季皆宜。
最美看点 体验一种恐怖与刺激感。

10 易北河旧隧道

易北河旧隧道建于1911年，总长426米，是一条有着百年历史的隧道，入口处有一个铜制圆形穹顶的建筑，非常具有观赏价值。

玩 全 攻 略

地址 汉堡市区与施泰因岛之间的易北河地下。
路线 乘坐地铁到栈桥站下，然后步行5分钟即可到达。
时间 全天开放。
门票 免费。
最佳时间 四季皆宜。
最美位置 旧隧道入口处。
最美看点 易北河旧隧道的入口处那一座铜质圆形的穹顶，旧隧道所散发出来的迷人风采。

摄影指导

在拍摄易北河旧隧道时，可以利用平角构图法进行拍摄，这样才能显示出隧道的延伸感。

第 3 章　汉堡玩全攻略

11 木偶博物馆

汉堡的木偶博物馆算是世界上同类型博物馆中规模最大的一座，游客来到这里可以看到很多不同的木偶。

玩全攻略

地址	Kolk14，23552 Lubeck。
路线	从赫尔斯藤门直行，至Kolk即可。
电话	040-4517-8626。
时间	10:00～18:00
门票	4欧元。
最美位置	木偶博物馆内。
最美看点	不同国家的木偶藏品。

12 圣佩特利教堂

圣佩特利教堂是一个充满古老气息的中世纪教堂，无论是外观还是内部装饰都非常漂亮。在这座充满艺术气息的教堂内还会经常举办一些艺术展览会和音乐会。

玩全攻略

地址	Petrikirchhof。
路线	从赫尔斯藤门直行，至Schmiedestr右转即可。
电话	040-5139-7730。
时间	11:00～16:00。
门票	免费。
最美位置	教堂的塔顶。
最美看点	欣赏赫尔斯藤门、市政厅以及圣马里恩教堂。

摄影指导

在拍摄这座教堂时，可以抓住它的建筑特征，采用仰视的角度去拍，会显得更高大。

13 吕贝克

吕贝克是汉堡首屈一指的大都市，这里拥有近1000多座古老建筑，不同风格的建筑在这里随处可见。

玩全攻略

地址	汉堡东北方。
路线	从汉堡乘坐火车去吕贝克约40分钟。
电话	040-5188-99700。
时间	全天开放。
门票	免费。
最佳时间	四季皆宜。
最美看点	各种不同的建筑。

14 美术工艺博物馆

玩全攻略

地址	Hamburger Steintor Platz 1。
路线	从汉堡市中央车站步行2分钟即可到达。
时间	10:00～18:00
门票	7.5欧元。
最佳时间	四季皆宜。
最美位置	博物馆内。
最美看点	各个国家的工艺品、雕像、金银饰品以及德国制造的钟表。

在这座雄伟的建筑物中，珍藏有从古希腊罗马时期到当代欧洲、中东和远东地区的珍品，收藏着各种雕刻品、家具、珠宝、瓷器、乐器以及家庭用品，每年都可吸引很多对美术工艺作品感兴趣的游客前来观赏。

摄影指导

美术工艺博物馆内的各种雕刻品、家具、珠宝、瓷器、乐器以及家庭用品都是非常精致的，在拍摄这些物品时，可以采用三等分法来构图，将画面中出现的水平线或者垂直线安排在1/3或者2/3的地方，而拍摄主体则安排在黄金分割的焦点上即可。

第3章 汉堡玩全攻略

15 阿尔斯特拱廊

阿尔斯特拱廊位于阿尔斯特湖旁，是一个具有文艺复兴时期风格的建筑，都市的喧闹与大自然的恬静巧妙地融合在一起，显得非常和谐。

玩全攻略

地址 位于汉堡市政厅和阿尔斯特湖之间。
路线 乘地铁S1、S3在Stadthausbr站下，出站后步行可达。
时间 全天开放。
门票 免费。
最佳时间 四季皆宜。
最美位置 拱廊上。
最美看点 阿尔斯特湖的美景。

摄影指导

在拍摄阿尔斯特拱廊时,建议拍摄者把相机倾斜一定的角度来取景,把阿尔斯特拱廊的延伸感表现出来,这样拍出来的照片就更能增强视觉的冲击力。

16 爱国者协会大楼

爱国者协会大楼位于市政厅广场南端,是一栋历史悠久的红色大楼,算是汉堡历史最悠久的建筑物之一,在这里你可以回顾汉堡发展的历史。

玩全攻略

- **地址** Johannis Str。
- **路线** 从汉堡市政厅沿尤汉尼斯街步行10分钟即可到达。
- **时间** 全天开放。
- **门票** 免费。
- **最佳时间** 四季皆宜。
- **最美位置** 协会大楼外的桥上。
- **最美看点** 历史悠久的红砖大楼,一座纪念雕像。

亲历记忆

来到爱国者协会大楼时,我完全被吸引住了,整栋大楼都是由一种红色的砖所砌成,非常漂亮,旁边还有一个纪念雕像,如同大楼的保卫者一般。

摄影指导

光线对建筑物有造型的作用,在不同时段的光线下拍摄建筑物会产生不同的效果,侧光照射下的建筑物色彩鲜艳、明暗反差大,能很好地突出建筑物的立体结构和空间感。

17 汉堡蜡像馆

汉堡蜡像馆建于1879年,是德国最大、最古老的蜡像陈列馆。

第3章 汉堡玩全攻略

蜡像馆按真人大小，仿制了一百多位来自历史、文化、娱乐以及体育界等知名人士的蜡像，并配以适宜的布景展出，非常具有参观价值。

达人提示

医学史陈列馆内所展示的许多蜡像标本都有点可怕，如分娩标本、新生儿标本、皮疹标本和玻璃假眼标本等。

玩全攻略

地址	Pielbudenplatz 3。
路线	从汉堡市政厅沿尤汉尼斯街步行10分钟即可到达。
电话	040-310-317。
时间	星期一至星期五11:00～21:00，星期六11:00～24:00，星期日10:00～21:00，1月中旬至2月初不开放。
门票	成人4欧元，儿童及18岁以下青年2.5欧元。
最佳时间	1月中旬至2月初除外的时间。
最美看点	各种各样的蜡像标本。

亲历记忆

在参观蜡像馆时我看到了歌德、席勒、拿破仑、毕加索、乌韦西勒、格拉夫、哈里波特、詹姆斯迪恩、艾维斯莱斯利、甲壳虫乐队、黛安娜王妃等人的蜡像。

摄影指导

在汉堡蜡像馆内拍照时，可以使用超广角镜头拍摄，超广角镜头的对焦距离非常短，具有强烈的透视效果，基本上都能将馆内的画面纳入到视线范围内。

慕尼黑

第 4 章

慕尼黑玩全攻略

慕尼黑必游：3景
慕尼黑印象：解读
慕尼黑攻略：交通
慕尼黑攻略：餐饮
慕尼黑攻略：住宿
慕尼黑攻略：购物
慕尼黑攻略：游玩

慕尼黑必游：3景

慕尼黑是德国的第三大城市，有着梦幻般的色彩，具有活泼、欢快以及时尚的气息，是一个不得不游的城市。

01 新天鹅堡

新天鹅堡是19世纪晚期的建筑，这座城堡是巴伐利亚国王路德维希二世的行宫之一，其四周都环绕着山和湖泊，一年四季风光各异，非常漂亮。

02 宁芬堡皇宫

宁芬堡皇宫位于慕尼黑的西北郊，占地很广，旧时是历代王侯的夏宫，可以跑马打猎。宫殿坐西朝东，由一幢幢方形楼房连接而成，长达600米，主楼雄伟壮观，展开的两翼对称和谐，远远望去就能很清楚地分清主次。

第4章　慕尼黑玩全攻略

03　宝马大厦

慕尼黑是宝马汽车的故乡，而宝马总部所在的宝马大厦，是由著名奥地利建筑学家Schwanzer在1973年所设计的，各个楼层并非普通建筑般整体建造，而是由不同部分共同"拼接"组合而成，非常具有特色。

达人提示

宝马大厦旁边的宝马博物馆收藏有宝马的各种经典款式，主要包括300多辆不同时期的摩托车和汽车。

慕尼黑印象：解读

慕尼黑是德国主要的经济、文化、科技以及交通中心之一，也是欧洲最繁荣的城市之一，还保留着原巴伐利亚王国都城的古朴风情，被人们称作"百万人的村庄"。

01 历史与区划

历史	慕尼黑的历史主要分为以下3个时期。 （1）罗马帝国时期。慕尼黑地区最早的居民点就形成于罗马时期；1175年，慕尼黑正式获得城市身份；1327年，城市的大部分被一场火灾烧毁，后来才得以重建。1328年，上巴伐利亚公爵路易四世加冕成为神圣罗马帝国皇帝； （2）两次世界大战时期。1914年第一次世界大战爆发以后，慕尼黑的生活变得非常困难，德国被盟国封锁，造成食品和燃料严重短缺；第二次世界大战期间，慕尼黑曾经先后遭到盟军的71次空袭，市区建筑1/4以上受到严重破坏。 （3）"二战"后。德国人凭借自己的力量慢慢地重建起来，不仅保持了战前的街道格局，而且还新建了许多造型独特的建筑，使城市有了进一步发展，并成为德国南部最大的城市。
区划	慕尼黑主要由施瓦宾区、宁芬堡、纽豪森区、海德豪森区路德维希郊区以及其他周边地区共同组成。

02 地理与气候

地理	慕尼黑位于北纬48°08'，东经11°35'，距离阿尔卑斯山北麓只有约45千米，多瑙河的支流伊萨尔河是慕尼黑的主要河流。
气候	慕尼黑属于大陆性气候，并且受到邻近的阿尔卑斯山的强烈影响，昼夜及冬夏的温差非常大，12月到3月属于慕尼黑的冬季，平均气温为-2℃左右，夏季是5~9月，这段时间比较温暖，平均气温在20℃左右。

第4章 慕尼黑玩全攻略

03 民族与节日

民族	慕尼黑拥有的民族非常多，除了本地人外，主要还有土耳其人、阿尔巴尼亚人、克罗地亚人、塞尔维亚人、希腊人、奥地利人以及意大利人。
节日	慕尼黑啤酒节是当地最有名的一个节日，这个节日已有近200多年的历史，每到这时都会有来自世界各地的游客前来共同欢度，是世界上规模最大的啤酒节，除了啤酒节还有骑马游行节以及儿童节等重大节日。

04 实用信息

名称	慕尼黑这个名称的本义是僧侣之地。因此，该市的市徽上就是一位修道士，称为"慕尼黑之子"。
洗衣店	在慕尼黑，洗衣店是很难找到的，所以一般价格都比较贵，通常洗一桶衣服的价格在4欧元左右，如果你要选择烘干的话，大概10分钟加收0.5欧元。

慕尼黑攻略：交通

慕尼黑作为德国的第三大城市，交通系统发达是必然的，航空、公共交通以及出租车应有尽有。下面主要介绍慕尼黑的三大主要交通方式。

01 航空

慕尼黑国际机场是当地人流量最大的机场，国内的游客乘坐飞机可以直达慕尼黑。慕尼黑国际机场每年的客流量排名在德国第二、欧洲第八，无论是从建筑还是从航班都是非常之多的，主要有两栋大厦、两条正规跑道、40多个登机口以及100多家航空公司。

02 公共交通

慕尼黑市内的公共交通主要包括有轨电车(Trambahn)、公共汽车(Bus)、地铁(U-Bahn)以及城郊列车(S-Bahn)，无论你想到哪个景点游玩都可以乘坐公共交通到达，非常方便。但须特别注意车票打时刻的问题，如乘公共汽车或市内电车，一上车就须打时刻，否则会被认为逃票。

03 出租车

无论是机场外还是大型购物商城旁，你都可以看见出租车排着长长的队伍待客，市内的出租起步价为2.6欧元，之后按每千米1.15欧元计算。

慕尼黑攻略：餐饮

慕尼黑因啤酒而闻名，市内到处都是啤酒馆，除此之外还可以尝到德国传统美食，常见的有猪蹄和香肠等。除了德国餐厅外，其他国家的风味餐厅也是存在的。

01 东尼索餐厅

东尼索餐厅是一家历史非常悠久的餐厅，起初这里只有一家小规模的酒品转运站，直到后来才慢慢发展起来，在这里你可以品尝到最正宗的美味猪脚餐和各种烈性啤酒。

亲历记忆

经过朋友的强烈推荐来到这家餐厅，首先那种快速而又亲切的服务让我喜欢上了这里，当我尝到这里的美味料理时，就彻底爱上了这家餐厅，它确实非常值得强烈推荐。

第4章　慕尼黑玩全攻略

玩 全 攻 略

地址 Weinstr1,80333 Munchen。
路线 乘坐城铁S1至Marienpl站下车，然后步行5分钟即可到达。
电话 089-220-184。
时间 9:00～24:00。
价格 依照食物不同而定。
特色菜 美味猪脚餐和各种烈性啤酒。

02 奥古斯丁啤酒坊

奥古斯丁啤酒坊是全城独一无二的特色餐厅，要是你厌倦了其他餐厅精致的汤汁和纤细的鸡胸肉，那么在这儿一定会让你享受到不一样的大餐。

餐厅的主打菜是烤猪肉、丸子和甘蓝菜，所有的人都坐在长木桌旁边，一边吃喝一边聊天，可谓海阔天空、无拘无束，非常热闹。

03 Swagat

Swagat是一家典型的亚洲餐馆，店内的装饰是印度风格的，通常被认为是慕尼黑最好的印度餐馆，到这里吃亚洲菜是最好的选择。

玩全攻略

地址 Prinzregentenplatz 13。
路线 在慕尼黑市内可以乘坐出租车直达。
电话 089-4708-4844。
时间 12:00～24:00。
价格 人均消费10～15欧元。
特色菜 咖喱辣菜、各种美味肉食。

亲历记忆

在国外还能吃到这么正宗的亚洲菜，我真的太开心了，下次如果有机会再来慕尼黑游玩的话，一定还来这家餐厅。

04 Hippocampus

Hippocampus是慕尼黑最顶尖的意大利餐厅之一，这里供应的意大利美食非常正宗，每一天都有很多游客光顾。

玩全攻略

地址 Muhlbaurstrasse 5。
路线 从摄政王剧院步行5分钟即到。
电话 089-475-855。
时间 10:00～23:00。
价格 人均消费14～25欧元。
特色菜 意大利特色美食。

达人提示

餐厅的装饰非常时髦，气氛也很浪漫，深受年轻人的喜爱。

第4章 慕尼黑玩全攻略

05 奥林匹克塔旋转餐厅

奥林匹克塔旋转餐厅是在182米的高处，每旋转一周需49分钟的时间，让你在用餐的时候还能感受不一样的风景。

达人提示

如果天气好的话，还能看到非常浪漫的景色，这样的美景简直是任何人都不可抵挡的，而精美的菜肴更为这一美妙时光锦上添花。

06 宫廷饭店

宫廷饭店是慕尼黑的经典式盛宴饭馆，顾客可在这里品尝到各种美食，坐在餐厅内饮一杯美酒，吃着最好吃的烤猪蹄，并陶醉于巴洛克式的氛围，非常惬意。

亲历记忆

这里的服务堪称一流水平，我就是因为这里的服务才喜欢它的。

慕尼黑攻略：住宿

慕尼黑是德国的第三大城市，住宿非常方便，中央车站附近是住宿的聚居地，无论是高级而古典的酒店，还是比较经济实惠的旅店都有，而现代化的酒店多在郊区。

达人提示

慕尼黑的10月份是啤酒节，也是当地旅游最旺盛的时候，如果这时出行慕尼黑，就一定要提前预订酒店，以免到时候找不到合适的落脚处。

01 安娜酒店

安娜酒店是慕尼黑火车总站附近的一个高档酒店，这家酒店不仅地理位置优越，而且里面的装饰也非常豪华，有一种时尚的感觉。

玩全攻略

- **地址** Schutzenstrasse 1。
- **路线** 从慕尼黑火车总站步行，大概有15分钟的路程即可到达。
- **电话** 089-599-940。
- **时间** 24小时。
- **价格** 人均消费160～500欧元。
- **房间** 豪华套房、热带雨林风格的房间。
- **最佳时间** 四季皆宜。

达人提示

酒店的房间主要是以金色、黑色以及一些手工物品所装饰。

02 Hotelissimo

Hotelissiom是慕尼黑非常具有特色的一家酒店，客房的墙全是用石头砌成，室内的装饰也非常雅致，让人看了就非常舒服。

玩全攻略

- **地址** Schutzenstrasse 4。
- **路线** 从慕尼黑火车总站搭乘出租车前往。
- **电话** 089-557-855。
- **时间** 24小时。
- **价格** 人均消费68～190欧元。
- **房间** 雅致的套房。
- **最佳时间** 四季皆宜。

第4章 慕尼黑玩全攻略

03 欧洲青年旅舍

玩全攻略

地址	火车总站周边。
路线	从火车总站步行即可到达。
电话	089-5990-8811。
时间	24小时。
价格	人均消费12~42欧元。
房间	单人间、双人间以及200个床位。
最佳时间	四季皆宜。

　　欧洲青年旅舍已是一座历史悠久的建筑物了，正是因为它本身所透露出来的那种年代久远的感觉，才会吸引很多游人选择这里。

亲历记忆

摇摇晃晃的吊灯和咯吱作响的楼梯，让我感觉非常有意思，我也知道了为什么每天会有那么多人前来入住了。

04 Pensionam Kaiserplatz

这是施瓦宾区的一个经济型酒店，装饰是温馨可爱的家庭格调，每天早晨还有店家亲自送来的早餐，让人感觉非常贴心。

玩全攻略

- **地址** Kaiserplatz 12。
- **路线** 从施瓦宾区乘坐出租车，只需8分钟的车程。
- **电话** 089-349-190。
- **时间** 24小时。
- **价格** 人均消费31～59欧元。
- **房间** 单人间和双人间。
- **最佳时间** 四季皆宜。

05 皇宫酒店

皇宫酒店就像它的名字一样气派，这是一个高档而又典雅的酒店，如果你的预算比较高的话，不妨来这里体验一下。

亲历记忆

我最喜欢皇宫酒店的地方是它地处中心区却非常宁静，这里的气氛和平而优雅，是一个既有个性又高档的酒店，还有一点就是酒店的装饰配以古董的家具，让人有一种家的感觉。

第4章　慕尼黑玩全攻略

06 芝瓦特家庭式酒店

芝瓦特家庭式酒店是一个很棒的民宿，这里的人都特别亲切，没事的时候可以坐在一起聊聊天。晚上玩累了回来后，还可以坐在阳台上边喝着德国纯正的啤酒，边吹着风。

达人提示

这是一个三层楼高的民宿，选择在这里落脚除了能感受这里亲切的氛围外，还能尝到慕尼黑最好吃的早餐。

慕尼黑攻略：购物

慕尼黑人气购物场所除了位于市中心的维克图阿连市场外，还有马克西姆大街、特阿庭大街、雷希丹茨大街和布里恩内大街的高档名牌商店。

如果想在慕尼黑买纪念品，当数各种质地的啤酒杯，还有啤酒杯造型的各种工艺品，它们的价格不是很高，但却最能体现当地的特色。

01 维克图阿连市场

维克图阿连市场是慕尼黑最大的食品市场，这里出售成束的鲜花、堆积如山的瓜果蔬菜、香草、奶酪、香肠和鲜鱼，即便是工作日，这里也是人山人海，要想挤进去并不容易，到了周六上午则更加拥挤，那种情景实在不是很多见，来到这里购物绝对是一个不错的选择。

亲历记忆

在这里我见识了什么叫做人山人海的情景，擦肩而过的人们，显得如此热闹。

德国玩全攻略（图文全彩版）

玩全攻略

地址	Am Viktualien Marktet。
路线	乘坐城铁S1、S2、S3、S4、S5、S6、S7、S8至Marienplatz站下车，或乘坐52路公交车至Viktualien站下车可达。
电话	089-2332-3473。
时间	10:00～18:00。
价格	依商品种类而定。
最佳时间	营业时间皆宜。
最美看点	人山人海的情景和琳琅满目的商品。

02 五宫廷

五宫廷是一个非常具有魅力的购物中心，通过商业、餐饮以及娱乐等形式相互结合，显示了现代消费世界的特色。

五宫廷是一个保存几乎完整无缺的古老建筑区，在这除了购物还能欣赏古老的建筑艺术。

亲历记忆

来到这里购物我感到非常开心，两边林立的各种商店，还有那些充满古典气息的建筑，让我看得有点眼花缭乱。

03 Holareidulijo

这是慕尼黑唯一一家专门经营二手传统服饰的商场，即使你不想买，也值得欣赏。

第4章　慕尼黑玩全攻略

玩 全 攻 略

地址	Schellingstrasse 81。
路线	乘坐城铁S1、S2、S3、S4、S5、S6、S7、S8至Marienplatz站下车，或乘坐52路公交车至Viktualien站下车可达。
电话	089-271-7745。
时间	10:00～18:30。
价格	依商品种类而定。
最佳时间	营业时间皆宜。
最美看点	各种款式的二手传统服装。

慕尼黑攻略：游玩

慕尼黑是德国南部巴伐利亚州的经济和文化中心，具有活泼、欢快的生活节奏，到这里游玩绝对是一个不错的选择。下面主要介绍慕尼黑的人气必游景点。

01　新天鹅堡

新天鹅堡是一个充满梦幻的童话城堡，也是一个不可不游的景点。

玩 全 攻 略

地址	位于拜恩州富森近郊。
路线	乘310路公交车即可到达。
电话	083-6293-9880。
门票	9欧元。
时间	9:00～18:00。
最佳时间	四季皆宜。
最美看点	梦幻般的城堡和自然景观。

02 宁芬堡皇宫

宁芬堡皇宫是一座典型的巴洛克风格的建筑，宫殿前那一潭清水和冲天的喷泉，使这里成为了历代王侯的夏宫，更值得一提的是厅堂内的中国之阁，全是中国式的装饰，非常独特。

摄影指导

宁芬堡皇宫的面积非常大，所以在拍摄它时镜头的选择是非常重要的。在拍摄这类建筑时，可以选择广角镜头，以拍出画面的全部。

玩全攻略

地址	在慕尼黑西北郊。
路线	在火车站乘坐17路电车，在Schlosss Nymphenburg站下车，沿着桥的河流方向，往里面建筑群方向走即可。
门票	10欧元。
时间	9:00～18:00。
最佳时间	春季或者夏季。
最美位置	皇宫前坪。
最美看点	巴洛克风格的建筑、冲天的喷泉以及中国之阁。

03 宝马大厦

宝马大厦是外观酷似发动机的建筑艺术品，每年都吸引很多宝马品牌的游客前来参观。

玩全攻略

地址	Petuelring 130。
路线	乘36路公车到Petuelring站下即可。
电话	083-6293-9880。
门票	3.5欧元。
时间	9:00～16:30。
最美位置	宝马大厦的展厅。
最美看点	各种型号的宝马汽车。

第4章 慕尼黑玩全攻略

04 玛利亚广场

玛利亚广场是慕尼黑的中心，每天都有很多人聚集在这里，非常热闹。广场上最引人注目的就是一座金色圣母像。

玩全攻略

- **地址** 慕尼黑玛利亚广场。
- **路线** 乘城铁在玛利亚广场站下车，然后步行5分钟即到。
- **门票** 免费。
- **时间** 全天开放。
- **最佳时间** 四季皆宜。
- **最美位置** 广场中央。
- **最美看点** 热闹的场景和金色的圣母像。

摄影指导

在拍摄玛利亚广场时，建议选取一个制高点，并尽量纳入多的人群，这样才能突出广场的热闹氛围。

05 圣母教堂

圣母教堂是慕尼黑众多教堂的典范，最吸引人的就是圣母教堂的双塔。

玩全攻略

- **地址** 慕尼黑玛利亚广场。
- **路线** 乘地铁在Marienplatz站下即可。
- **电话** 083-290-0820。
- **门票** 1欧元。
- **时间** 10:00～17:00。
- **最美位置** 教堂塔顶。
- **最美看点** 圣母教堂和城市的风景。

06 圣彼得教堂

圣彼得教堂是慕尼黑历史最悠久的一所教堂,当地居民一直都非常喜欢这座教堂,游客顺着楼梯还可以登上教堂的高塔,欣赏慕尼黑旧城的美丽风光。

玩 全 攻 略

地址	Rinder Markt 1。
路线	乘坐城铁S1、S2、S4在Marienplatz站下车,或者乘坐地铁U3、U6在Marienplatz站下车。
电话	089-260-4828。
门票	免费。
时间	7:00~19:00。
最美位置	高塔。
最美看点	慕尼黑旧城的风光。

摄影指导

在拍摄圣彼得教堂时,建议使用小光圈进行拍摄,这样才能使拍出的画面更有深度,更多的细节才能得以清晰地呈现。

07 新市政厅

新市政厅位于玛利亚广场北侧,是19世纪末建造的棕黑哥特式建筑之一,正面装饰有巴伐利亚国王、寓言、传说的英雄、圣人等的雕像,整个建筑显得气势恢宏,装饰华丽,是一个不容错过的旅游景点。

达人提示

新市政厅左侧是有名的啤酒屋Donisl,右边是旧市政厅(Das Alte Rathaus)。

第4章 慕尼黑玩全攻略

玩全攻略

地址	慕尼黑玛利亚广场北侧。
路线	乘坐地铁至Marienplatz站下车,然后步行5分钟即到。
电话	089-233-00。
门票	1.5欧元。
时间	9:00～19:00。
最佳时间	每天的11、12、17及21点。
最美看点	市政厅和木偶历史剧。

08 慕尼黑皇宫区

慕尼黑皇宫区位于巴伐利亚州,到目前为止已经有近600多年的历史,这里留存了大量有关维特尔斯巴赫王朝的遗迹,从最初的只有单独的一座城堡,到最后一个皇宫区的建成,真的经历了非常多,来这里游玩绝对是一个不错的选择。

玩全攻略

地址	慕尼黑市中心。
路线	乘U-Bahn到Odeonsplatz站下,或乘19路有轨电车在Odeonsplatz站下车也可到达。
门票	4欧元。
时间	9:00～18:00。
最佳时间	四季皆宜。
最美位置	皇宫区。
最美看点	皇宫博物馆、珍宝库以及老皇宫歌剧院。

摄影指导

皇宫区的建筑都是具有一定历史的,因此在拍照时可以采取近距离特写的方式。

09 阿玛琳堡

玩全攻略

- **地址** 位于慕尼黑西北郊。
- **路线** 乘坐17路有轨电车至Schlosss Nymphenburg站下车即到。
- **时间** 9:00～18:00。
- **门票** 2.5欧元。
- **最佳时间** 四季皆宜。
- **最美位置** 阿玛琳堡。
- **最美看点** 法国风格的建筑。

阿玛琳堡是一座外观带有法国质朴风格的古老建筑，内部装饰则有轻松活泼的感觉，与欧洲其他建筑有着本质的区别。

10 英国花园

英国花园是慕尼黑最大的公园，也是欧洲最大的城市公园之一，由于园林营造上效法英国，草地开阔、小径蜿蜒、顺应自然以及极少人工雕凿，所以命名"英国公园"。

玩全攻略

- **地址** 位于慕尼黑市区东北方。
- **路线** 乘坐地铁至Munchener Freiheit站下车即可。
- **门票** 免费。
- **最佳时间** 春季或夏季。
- **最美位置** 花园内。
- **最美看点** 美丽的花园景观。

摄影指导

在拍摄英国花园时，应选择天气晴朗的时候，以利用光线来增强画面视觉效果。

第4章 慕尼黑玩全攻略

11 德意志博物馆

德意志博物馆是欧洲现有科技博物馆中规模最大的，也是世界最早的科技博物馆之一，馆内收藏有5万多件不同领域的作品。

玩全攻略

地址	Museumsinse 11，80538 Munchen。
路线	乘坐城铁S1、S2、S3、S4等至Isartort站下车即可。
电话	089-217-91。
时间	9:00～17:00。
门票	7.5欧元。
最美位置	博物馆内。
最美看点	不同领域的科技产品。

12 市立博物馆

伦巴赫之家市立博物馆是慕尼黑最著名的美术馆之一，里面收藏着伦巴赫毕生的艺术品。

玩全攻略

地址	Luisenstrasse 33，80333。
路线	乘坐地铁至Universitat、Munchener Freiheit站下车即可。
电话	089-2333-20001。
时间	10:00～18:00。
门票	成人12欧元，15岁以下儿童6欧元，家庭票18欧元。
最美位置	博物馆内。
最美看点	伦巴赫的美术作品。

摄影指导

在拍摄博物馆的美术作品时，一定要调节好取景的屈光度，当屈光度与拍摄者的视力匹配时，这样拍出来的作品从视觉效果上才更清晰。

13 奥林匹克公园

奥林匹克公园是慕尼黑的地标公园，这里有一个可以容纳8万人的体育场，是1927年慕尼黑夏季奥运会的主场地。

玩全攻略

地址	Spiridon-Louis-Ring 21, D-80809Munchen。
路线	乘36、41、81、84、136、184路公交车至奥林匹克公园下车，或乘地铁U3至奥林匹克公园下车也可。
电话	089-306-70。
时间	9:00～16:30。
门票	2欧元。
最美位置	体育场内。
最美看点	大型体育竞赛和各种音乐会。

摄影指导

奥林匹克公园最引人注目的就是那由50根柱子支撑起的网状帐篷式屋顶，造型夸张。在拍摄时可以采用独特的视角去表现这种夸张的建筑造型。

达人提示

奥林匹克体育场是奥林匹克公园的核心建筑，可容纳8万观众，草坪足球场下面有暖气设备，保证一年四季绿草茵茵，冬天也能进行比赛。最令人惊奇的是体育场只有半边有顶，而且是靠50根吊柱吊起的帐篷式屋顶。

14 安联体育场

安联体育场的外面使用的是透明而且充满空气的材料，内部安装发光系统，可使外墙分别发出红光、蓝光或白光。无论是安联体育场的外形还是里面的设计，都非常值得一看，到这里游玩将是一个不错的选择。

第4章 慕尼黑玩全攻略

玩 全 攻 略

地址	Werner-HEIsenberg-Allee 25, 80939 Munchen。
路线	乘地铁U6至Frottmaning站下车即到。
时间	10:00～18:00。
门票	7.5欧元。
最佳时间	四季皆宜。
最美位置	体育场外。
最美看点	充满艺术感的外形。

达人提示

安联体育场是欧洲最现代化的球场，能容纳66 000名观众，当拜仁慕尼黑队主场比赛时，体育场将在照明系统的映射下成为一个红色的发光体，几英里外都可以看到。

体育场的外墙体是由2874个气垫构成，其中1056个在比赛中是可以发光的，更特别的是当体育场中比赛的球队发生变化时，墙的颜色就可随之改变，其奇妙之处远远超出你的想象。慕尼黑人非常喜欢这个体育场，并亲切地将其称为"安全带"或"橡皮艇"，堪称世界上最奇妙的体育场。

15 慕尼黑美术博物院

慕尼黑美术博物院由三个馆组成：古绘画陈列馆、新绘画陈列馆和现代绘画陈列馆。其中现代绘画陈列馆是德国最大的现代美术馆，也是世界上最大的现代美术馆之一，展区面积达15000平方米，收藏了大量20世纪和21世纪的绘画、雕塑、建筑和设计艺术作品。

玩全攻略

地址	Baser-Strasse 27。
路线	乘坐地铁U3、U4、U5、U6到Odeonsplatz站下车，或者乘坐有轨电车Tram27到美术馆站下车即可。
电话	089-2380-5216。
时间	10:00～17:00。
门票	5欧元。
最佳时间	四季皆宜。
最美看点	各种美术作品。

摄影指导

在拍摄美术博物院院中的每一幅作品时，我们都可以采用近距离特写的方式拍摄。

16 巴伐利亚歌剧院

巴伐利亚歌剧院在当地人心中就像希腊神殿般的神圣，外观非常壮观，是世界上每年演出场次最多的歌剧院之一。

玩全攻略

地址	MaxJoseph Pl3。
路线	乘坐S1、S2、S4、U3、U6至Marien站下，然后步行15分钟可达。
电话	089-2185-1920。
门票	免费。
最佳时间	每年6月份或7月份。
最美位置	歌剧院内。
最美看点	慕尼黑歌剧表演。

第4章　慕尼黑玩全攻略

17　巴伐利亚电影城

慕尼黑巴伐利亚电影城是德国最大的片场之一，在这里游客可以参观电影拍摄的真实布景，还可以特别体验到4D电影院的特殊音效系统。

玩全攻略

- **地址**　Bavariafilmplatz 7。
- **路线**　乘地铁至Siberhorn站下，然后换乘25路有轨电车至Bavariafilm广场下车即可到达。
- **电话**　089-6499-2304。
- **时间**　9:00～17:00。
- **门票**　10欧元。
- **最佳时间**　四季皆宜。
- **最美看点**　电影拍摄的真实布景。

摄影指导

要是运气比较好，看到那些演员表演特技的话，一定都想拍出来，这时最好准备一个脚架支撑相机，这样才能拍出正常的照片。

达人提示

每30分钟一次的巴伐利亚特技表演绝对是电影城的一大亮点，特技演员表演的危险绝活，让每位游客都看得如醉如痴。

18　圣米歇尔教堂

圣米歇尔教堂位于慕尼黑市政厅西侧，是当地最漂亮的教堂之一，文艺复兴风格的建筑体系，加上极具历史背景的氛围，每年都会吸引很多游客前来参观和拍照留念，来这里游玩将是一个不错的选择。

亲历记忆

来到圣米歇尔教堂游玩我非常高兴，那具有悠久历史的教堂和其他自然景观，让我看得眼花缭乱。

玩全攻略

地址	Krayenkamp 4c。
路线	在中央车站乘坐37路公交车至StMichaeliskirche站下车即可。
时间	10:00～17:00。
门票	眺望台3欧元。
最佳时间	四季皆宜。
最美位置	卡尔广场正中央。
最美看点	美丽的圣米歇尔教堂。

摄影指导

在拍摄这种大教堂时，可以采用仰视的角度去拍，这样教堂的线条会向上会聚，能从很大程度上突出建筑物雄伟的外观。

达人提示

在圣米歇尔教堂对面的卡尔广场上，为了纪念在慕尼黑诞生的一位著名作曲家理查·施特劳斯，特建立了一座巨型喷泉，非常漂亮，也成为游客拍照的对象，每一年都能吸引成千上万的世界游客来这里游玩。

19 古代雕刻博物馆

古代雕刻博物馆是一个大型的艺术聚居地，这里收藏了大量的古希腊和罗马时代的珍品，绝对让你看得眼花缭乱。

达人提示

在古代雕刻博物馆外，可以看到18尊精巧的雕像围绕着古代雕刻博物馆，每一尊都栩栩如生。另外，馆内更是收藏了大量的古希腊和罗马的艺术珍品，让你看得如醉如痴，来这里游玩将是一个不错的选择。

第4章 慕尼黑玩全攻略

玩全攻略

地址	Konigs Pl3。
路线	乘地铁U2、U8至KonigsPl站下车即可到达。
电话	089-286-100。
时间	9:00~24:00。
门票	免费。
最佳时间	四季皆宜。
最美看点	阿吉纳的爱法伊娥神殿雕像以及特内亚的阿波罗像。

摄影指导

像这种雕刻博物馆内最常看到的就是造型各异的雕刻艺术品,如果想要刻画馆内的石雕艺术,可以使用特写的拍摄手法,在调整好构图后,选择大光圈进行拍摄,这样就可以使背景虚化以突出被拍摄主体,此外还可以表现出一些细节的东西。

亲历记忆

在古代雕刻博物馆游玩的时候,首先看到的就是博物馆四周所围绕的18尊雕像,非常逼真。

20 鹰巢

玩全攻略

- **地址** 阿尔卑斯山脉的山顶。
- **路线** 如果是自驾车，请走A8线在巴特赖兴哈尔处出口，或在萨尔茨堡南处出口，再至贝希特斯加登，从那里走奥柏萨尔斯堡路至奥柏萨尔斯堡的Hintereck停车场。
- **电话** 089-8652-2969。
- **时间** 从5月开始开放至10月底，11月至次年4月底期间关闭。
- **门票** 免费。
- **最佳时间** 5～10月。
- **最美看点** 希特勒的住所。

鹰巢是希特勒的昔日行宫，位于德国阿尔卑斯山脉1834米高的奥柏萨尔斯堡山顶，来到这里你不仅可以畅享壮观的自然景色和上佳的美食，而且还能看这让人称奇的历史性建筑。

摄影指导

鹰巢位于一个1834米高的山顶上，完全可以采用俯视的角度去拍摄，这样就能很好地营造出那种居高临下的感觉。

达人提示

从奥柏萨尔斯堡到鹰巢停车场的道路被认为是工程上的杰作，完全是从坚硬的石头中开凿而出，并且只用了13个月就宣布完成，被认为是此类建筑设计的独特范例。

法兰克福

第 5 章

法兰克福玩全攻略

法兰克福必游：3景

法兰克福印象：解读

法兰克福攻略：交通

法兰克福攻略：餐饮

法兰克福攻略：住宿

法兰克福攻略：购物

法兰克福攻略：游玩

法兰克福必游：3景

凡是到德国旅游的人十有八九都是要到法兰克福转机，因此，法兰克福几乎成了德国的代名词，来到德国旅游就一定会游玩法兰克福。下面主要介绍法兰克福的必游3景。

01 罗马广场

罗马广场是法兰克福老城的中心，这里以前是城市的集市中心，到中世纪时才成为城市里最大的广场，这里有很多值得欣赏的景点，来这里游玩绝对是一个不错的选择。

02 法兰克福历史博物馆

历史博物馆是法兰克福历史的镜子，从1878年开始，历史博物馆就开始收藏历史

第5章　法兰克福玩全攻略

物品，至今共收藏了将近60万件与法兰克福城市历史有关的展品，到这里参观非常有意义。

03　法兰克福大教堂

法兰克福大教堂位于罗马广场以东，它是13～15世纪的哥特式建筑物，人们又称之为皇帝大教堂。

达人提示

从14世纪迄今，它已有600年的历史，虽然几经战火，但仍能幸免于难，在当地人心中就是一个神话。教堂宝库内陈列有皇室在加冕典礼时所穿的华丽衣袍，来这里游玩绝对是一个不错的选择。

法兰克福印象：解读

法兰克福是德国重要的工商业、金融和交通中心，位于莱茵河中部的支流美因河的下游，有时在狭义上也指原民主德国东部的专区。

01 历史与区划

历史	法兰克福的历史可从以下4个时期来看。 (1) 公元元年前后，莱茵河和多瑙河从法兰克福附近经过，于是人们在这里设置了驻军营地，从此以后这一带就成为边境要塞。 (2) 公元794年，法兰克福作为查理大帝的行都，首次被载入史册，此后法兰克福一直是德意志的重要政治舞台。 (3) 神圣罗马帝国时期，皇帝由势力雄厚的诸侯即选帝侯选举，在1152年，选帝侯们首次在法兰克福聚会，再次让法兰克福上升了一个台阶。 (4) 第二次世界大战时期，33次大轰炸摧毁了法兰克福80%的建筑，留下1700万吨垃圾，千年古城变为一片废墟，但是战后法兰克福迅速重建，发展惊人。
区划	法兰克福主要由老城区、市中心、萨克森豪森区、博肯海姆区、Nordend区以及博恩海姆区共同组成。

02 地理与气候

地理	法兰克福位于美因河与莱茵河的交汇点，坐落在陶努斯山南面的大平原上，而市中心和内城在美因河北岸，地理环境特别优越。法兰克福是通过众多的桥梁把内城与近郊的萨克森豪森地区连接在一起。
气候	法兰克福气候温和，春秋季比较潮湿，夏季炎热，冬季寒冷，冬季和夏季的温差特别大，所以出行法兰克福一定要时刻关注天气情况。

第5章　法兰克福玩全攻略

03　人口与节日

人口	法兰克福的人口大概为67万。
节日	著名的节日包括法兰克福图书博览会、博物馆河岸节以及法兰克福之声音乐节。

04　实用信息

出入境	在法兰克福出入境，国际旅客必须持有防疫证明。入境时，仅检查护照、签证及是否携带应纳税物品，可免税携带200支香烟、1千克低于22度的酒类、50克香水以及100克茶叶。出境时，非常注重安全检查，刀具等危险品不可随身携带，应当放入大件行李托运。
安全	法兰克福经济发达，但是治安情况不是特别好，盗窃事件时有发生，这样的事件多发生在火车站、机场以及餐厅等人员密集的地方。在法兰克福应尽量使用信用卡，身上少带现金。另外，为了以防护照和签证被偷，最好预先准备好一份护照、签证以及其他证件的复印件。
语言	法兰克福除了德语应用广泛外，英语也是主要交流语言之一，在餐厅、商店以及景点等场所都可以使用，这为那些不懂德语只懂英语的游客提供了方便。
紧急电话	法兰克福街头的SOS电话很多，此类电话多为橘黄色，而且无须付费，可以直接拨打，跟国内一样，匪警是110，火警是112。

法兰克福攻略：交通

　　法兰克福作为德国的一个经济中心，交通系统是非常方便的，也正是这便利的交通条件使法兰克福很快发展成为一个重要城市。

01 航空

国内游客可以在北京和上海乘坐飞机到达法兰克福,每天都有两班往返班机,非常方便。

法兰克福的莱茵-美因机场是欧洲的第二大航空港,它每年的客运量高达1800万人次,机场的航班飞往世界的192个城市,总共有260条航班线把法兰克福同世界紧密地联系在一起,不愧是德国通向世界的门户。

02 火车

机场的1号机场大楼就是火车站,从机场火车站乘坐S-Bahn至法兰克福总站只需10分钟,价格为5.8欧元左右。也可从机场火车站前往德国其他城市,非常方便。

法兰克福火车总站是当地最大的一个火车站,有24个站台,每时每刻都有火车运行着。

03 市内交通

法兰克福市内的交通工具主要有近郊列车、城区列车、市内列车以及市内公共汽车,这些车票在法兰克福运输联合会范围内都是通用的,并且以总站为中心实行区间制,市内观光只需买中心部1区票就可以在这个范围内任意乘坐。

不过从机场至总站则需购买2区票,上车前在停靠站的自动售票处买票,普通票一个区间2.2欧元。另外,也可以购买法兰克福卡,即由14处观光点的半价参观券与2天的车票组成的旅游套票。

法兰克福机场还设有来往海德堡及曼海姆的巴士专线,单程车费约36欧元,前往市中心的车程约20分钟,车费约40欧元。

法兰克福攻略:餐饮

法兰克福市中心及附近地区饭馆林立,在这里你可以找到各种口味的餐饮,从高档大餐到地方小吃,从中国菜到墨西哥菜,应有尽有,绝对让你每一餐都吃得尽兴。

第5章 法兰克福玩全攻略

01 Zur Sonne

Zur Sonne是Bornheim区夏天饮酒的最好地方，如果你恰好是夏天出行法兰克福的话，就一定不要错过这里。

玩全攻略

地址	Berger Strasse 312。
路线	乘坐地铁4号线到Bornheim-Mitte站下车即可。
电话	069-459-396。
时间	10:00～23:00。
价格	主菜7欧元。
特色菜	德国当地美食和纯正啤酒。

亲历记忆

我到法兰克福恰好是夏季，来到Zur Sonne喝着最纯正的冰啤酒，吃着口味极佳的德国菜，感觉特别享受。

02 Metropol

Metropol有价格合理而且非常美味的沙拉以及砂锅菜等，这里离法兰克福大教堂很近，在你游过法兰克福大教堂后，选择这里小憩一会儿将是绝佳的选择。

你也可以坐在这里看书，几个小时都不会有人打扰你。

达人提示

餐厅的地址是Weckmarkt13—15，在用餐之前最好通过电话288-287预约，以免到时候没有座位。

03　Indian Curry House

Indian Curry House是火车站地区的一个非常受欢迎的餐厅，在这里既可以吃到南方口味，也可以尝到北方特色，来这里用餐绝对是一个不错的选择。

玩全攻略

地址	Weserstrasse 17。
路线	从火车站地区步行即可到。
电话	069-230-690。
时间	星期一至星期六和交易会期间的星期天11:00～23:00。
价格	人均消费6.9～13.5欧元。
特色菜	美味的肉菜和素菜。

亲历记忆

在没有来到这家餐厅之前，就听朋友说起过它，他强烈向我推荐这家餐厅，当我真正来到这里时，才明白原因，因为这里供应的菜都非常好吃，特别适合我们这些华人的口味。

04　Da Cimino

在这家地处市中心以北的小社区，有这么一个非常美味的比萨饼店，如果你不喜欢店里已经做好的比萨的话，则可以根据自己的需求定制比萨饼。

亲历记忆

这家店的生意特别好，尤其是中餐的时间段，人非常多，每次我来到这里都是排很长的队。

第5章　法兰克福玩全攻略

05 Safran

　　Safran是一家具有波斯风味的餐厅，这里的口味虽然没有波斯的正宗，但却别有一番风味，特别是餐厅自制的辣酱，一定能让你过一把瘾。

亲历记忆

　　我是一个特别爱吃辣的人，来到这家餐厅吃最辣的辣酱，是我做得最好的决定，边吃边流泪，但是觉得非常痛快。

玩 全 攻 略

地址	Klappergasse 8。
路线	从萨克森豪森区乘坐出租车即可到达。
电话	069-617-194。
时间	星期一至星期六6:00～23:30，星期天12:30～22:30。
价格	人均消费8.9～13.9欧元。
特色菜	自制辣酱。

06 Haus

　　Haus是市内品尝当地特色食品最好的地方之一，五彩缤纷的外观和室内悬挂的画让这座餐厅在附近所有的餐馆中脱颖而出。

德国玩全攻略（图文全彩版）

法兰克福攻略：住宿

　　法兰克福的旅馆层次分明，旅行者基本上都能在这里找到适合自己的旅馆，费用最高的算是格调高雅的迎宾馆，博览会会场附近和火车总站附近都有很多旅馆。

达人提示

　　法兰克福的酒店在制定价格的时候，通常是根据供应与需求来制定的，一般在星期五、星期六、星期天、节假日以及8月份的时候会选择降价，但在主要交易会期间，房间的价格会涨到平时的3倍甚至4倍以上。

01 Radisson Blu Hotel

　　这是位于法兰克福中心的一个高档酒店，外形独特，首先在视觉上就给你一个极大的享受，房间所配置的设备也非常齐全，绝对让你住得舒服。

第5章 法兰克福玩全攻略

02 Inter City Hotel

这是一家连锁饭店，位于火车总站附近，非常方便刚下车的游客。

在这里住宿的最大好处就是在住宿期间，可以利用饭店的房卡，随便乘坐市内的各种公交车，特别划算。

玩 全 攻 略

地址	Poststr.8。
路线	从火车总站下车，然后步行2分钟左右即到。
电话	069-230-341。
时间	24小时。
价格	人均消费75～185欧元。
房间	标准单人间、标准双人间以及豪华套间。
最佳时间	四季皆宜。

03 Miramar Hotel

这座饭店最吸引人的地方就是交通特别方便，位于法兰克福的观光中心，特别适合喜欢热闹的游客居住。

玩全攻略

- **地址** BerlinerStr.31。
- **路线** 乘坐地铁在Hauptwache站下车，出站后步行10分钟即到。
- **电话** 069-920-3970。
- **时间** 24小时。
- **价格** 人均消费73～210欧元。
- **房间** 标准房间。
- **最佳时间** 四季皆宜。

亲历记忆

我去法兰克福旅游的时候，住的就是这家酒店，服务特别好。

04 Excelsior Hotel

酒店的外观看起来比较陈旧，但客房却是相当干净整洁，选择在这里落脚也是一个不错的选择。

玩全攻略

- **地址** Mannheimer Street 7-9。
- **路线** 从火车总站下车，出站后步行5分钟即到。
- **电话** 069-273-910。
- **时间** 24小时。
- **价格** 人均消费77～218欧元。
- **房间** 干净舒适的单双人间。
- **最佳时间** 四季皆宜。

第 5 章　法兰克福玩全攻略

05　Manhattan Hotel

玩 全 攻 略

- **地址**　DusseldorferStr.10。
- **路线**　从火车总站步行3分钟即到。
- **电话**　069-269-5970。
- **时间**　24小时。
- **价格**　人均消费110~130欧元。
- **房间**　单人客房和双人客房。
- **最佳时间**　四季皆宜。

这是一个装潢风格非常现代的中档饭店，提供单双人间。单人客房虽然比较狭窄，但是设备却是非常精良，也比较安静。

06　Mark Hotel Frankfurt Messe

Mark Hotel Frankfurt Messe属于一家三星级酒店，位于法兰克福中央车站和法兰克福展览中心之间。酒店不仅提供现代宽敞的客房，而且还配备免费无线网络连接和丰富的自助早餐。

达人提示

酒店在2009年3月开业，从开业到现在一直深受游客们的喜爱。每间客房不仅具有明亮的装饰，而且还提供卫星电视和迷你吧台等。

法兰克福攻略：购物

法兰克福的购物选择丰富多彩，在歌德大街上有高档时装店，采尔步行街上有大型购物中心，席勒大街上则有优质的瓷器和家居用品。在相对安静的购物街里，还可以找到出售稀奇古怪商品的小店。

01 采尔步行街

采尔步行街是法兰克福最著名的购物区，这里既有名牌商品，也有普通商品，尤其是衣服品种繁多，应有尽有。任何时候采尔步行街都是法兰克福人气最旺的购物街。

亲历记忆

采尔步行街是法兰克福的品牌会聚地，每天都有很多人前来逛街，我每次去都是人山人海，非常热闹。

玩全攻略

地址	Zeil。
路线	乘坐地铁U1、U2、U3或者城铁S2、S5、S6到Houptwache站下车即可。
时间	依各商店不同而定。
价格	依商品种类而定。
最佳时间	营业时间皆宜。
最美位置	采尔步行街上。
最美看点	大大小小的世界品牌和人山人海的热闹景观。

02 Cricri

Cricri是法兰克福最大的日用百货店，里面的厨房用品种类非常多，远远超出你的想象，即使你不购买，也非常值得参观。

第5章　法兰克福玩全攻略

玩 全 攻 略

地址	Rossmarktl 360311 Frankfurt。
路线	乘坐出租车可直接前往。
电话	069-131-0606。
时间	星期一至星期五9:30～19:00；星期六9:30～14:00。
价格	依商品种类而定。
最佳时间	营业时间皆宜。
最美看点	种类超多的日用品。

03　金箭

金箭是一家拥有130年以上历史的皮革制品老字号店，这里不仅有高品质的提包和钱包，也有饰品、衣物等时尚用品。

法兰克福攻略：游玩

法兰克福不仅是德国的经济中心，同时它又是一座文化名城，这里是世界文学家歌德的故乡。另外，法兰克福还有17个博物馆和许多其他的名胜古迹，都是特别值得一看的，到法兰克福游玩绝对是一个不错的选择。

01　罗马广场

罗马广场的名字来源于广场西面的罗马厅，三个连体的哥特式楼房非常吸引人，广场中间还有一个面向市政厅的正义女神喷泉，女神手持象征公正的天平，正对着市政厅，仿佛是时刻提醒政府人员要时刻记住公平二字。

玩 全 攻 略

地址	Rathausmarkt。
路线	乘坐地铁U4线或U5线到Dom Romer站下车即可。
门票	免费。
时间	全天开放。
最佳时间	四季皆宜。
最美位置	广场中央。
最美看点	手持象征公正的天平的女神像。

摄影指导

拍摄广场时，角度和位置的选择至关重要。

02 法兰克福历史博物馆

法兰克福历史博物馆中收藏了大量的历史发展珍品，除了馆内的收藏品外门厅里还摆了20世纪30年代以来这个城市的模型，非常吸引人。

摄影指导

在历史博物馆中拍摄照片时，建议采用短焦距镜头拍摄，则可把馆内所珍藏的物品全部纳入到画面中来，能更好地表现历史博物馆的空间感和历史感。

玩 全 攻 略

地址	Saalgasse 19。
路线	乘坐地铁U4、U5到Dom Romer站下车即可。
电话	069-2123-5599。
门票	4欧元。
时间	10:00～21:00。
最佳时间	星期三。
最美位置	历史博物馆门厅。
最美看点	城市历史发展的模型和其他有关这个城市发展的文物。

第5章　法兰克福玩全攻略

03 法兰克福大教堂

法兰克福大教堂是15世纪的哥特式建筑，这里曾经是德国皇帝加冕的地方，对于当地人具有独特的意义。

玩 全 攻 略

地址	Domplatz 14，60311 Frankfurt。
路线	乘坐地铁U4、U5到Dom Romer站下车，或从火车站步行15分钟可达。
电话	069-297-0320。
门票	3欧元。
时间	10:00～17:00。
最佳时间	星期三。
最美位置	两个观景平台。
最美看点	俯瞰城市的风光。

摄影指导

采用仰视角度拍摄教堂的优点是线条会向上会聚，能很大程度上突出画面的空间感。另外，在极靠近教堂时采用仰角拍摄，会使画面中的垂直线条产生强烈的会聚，形成一种近三角形的构图，显得更加稳固高耸。

04 保罗大教堂

保罗大教堂位于罗马广场附近，是法兰克福最具历史意义的建筑物。1848年，德国历史上第一个经过选举产生的议会在这里召开，并诞生了德国第一部统一宪法，从那时开始，它就成为德国统一和民主的象征。

达人提示

整座教堂全是由沙石所建造而成，如今的保罗大教堂不仅有各种宗教活动在这里举行，也是许多重要的政治和文化活动场地。

德国玩全攻略（图文全彩版）

玩 全 攻 略

地址	PaulPl。
路线	乘坐地铁U4、U5至Rome站下车，出站后步行5分钟即可到达。
门票	免费。
时间	10:00～17:00。
最佳时间	四季皆宜。
最美位置	教堂内。
最美看点	大量关于德国历史的资料。

摄影指导

大教堂内展示了大量德国民主统一的历史资料和图片，这些都是摄影爱好者拍摄的对象，可以采用近距离特写的方式进行拍摄。

05 法兰克福博物馆区

博物馆区是法兰克福的艺术与文化区，是德国乃至整个欧洲一个特殊的博物馆景区，也是最重要的博物馆所在地。

玩 全 攻 略

地址	爱塞尔纳铁桥与和平桥之间。
路线	乘坐地铁U1、U2、U3至Sehweizer站下车，出站后步行10分钟即可到达。
门票	博物馆联票15欧元。
时间	10:00～17:00。
最佳时间	四季皆宜。
最美位置	博物馆区内。
最美看点	13个不同的博物馆。

第 5 章　法兰克福玩全攻略

06 歌德故居

歌德故居是一幢米黄色的3层楼房，从1782—1832年，歌德在这里生活了50个年头，来到这里可以感受一代名人的生活。

玩全攻略

地址	GroßerHirschgraben 23—25。
路线	乘坐地铁U1-3、U6、U7、S1-6、S8、S9至Hauptwache站下车，然后向南步行可达。
门票	3.58欧元。
时间	星期一至星期五9:00~16:00，星期天9:00~18:00。
最佳时间	四季皆宜。
最美位置	歌德故居内。
最美看点	原样的摆设和家具、歌德亲笔写的文章和许多知名画家的作品。

达人提示

歌德于1749年出生在法兰克福，他的故居在"二战"中被完全破坏，如今所看到的基本上都是战后修复过的。

亲历记忆

我置身于歌德故居当中，仿佛能想象得到歌德在这里生活的情景。

摄影指导

如此具有意义的一次游玩，一定要通过相机拍出来留作纪念，在拍摄的时候建议采用全方位的拍摄技巧，用更多不同的画面来表现歌德故居。

07 德国电影博物馆

如果你喜欢德国电影的话，则千万不要错过这里，里面除了有图书馆历史和电影历史展览外，还有很多公共电影院的首映式和一些特别的电影活动在这里举行。

亲历记忆

在德国电影博物馆内看那些以前的旧电影，非常有感觉。

玩全攻略

地址	Schaumainkai 41，60596。
路线	乘坐地铁至Schweizer Platz站下车即达。
电话	069-961-220。
门票	2.5欧元。
时间	依展览馆活动而异。
最佳时间	四季皆宜。
最美位置	电影博物馆内。
最美看点	旧电影、电影的发展历程以及现代电影特效的制作。

摄影指导

电影博物馆本身就是值得欣赏的一个建筑，在拍摄时可以采用斜线取景的方式。

08 旧市政厅

旧市政厅是由三幢精美的连体哥特式楼房所组成，其阶梯状的人字形屋顶别具一格，可以说是法兰克福的一个象征。

玩全攻略

地址	3Romerberg 23，60311。
路线	乘坐地铁至Romer站下车，出站后步行5分钟可达。
电话	069-2123-8589。
门票	免费。
时间	全天开放。
最美位置	旧市政厅前坪上。
最美看点	三幢连体哥特式楼房。

摄影指导

在拍摄旧市政厅的这三幢精美的连体哥特式楼房时，建议采用横向取景的方式，着重体现画面的宽广开阔。

第 5 章　法兰克福玩全攻略

9　施特德尔美术馆

施特德尔美术馆即国家艺术学院，是由著名的银行家施特德尔所捐资设立的美术馆。它广泛地收集了世界各地的绘画作品，每天都有大量的游客前来参观。

玩全攻略

- **地址** Schaumainkai 63。
- **路线** 乘坐地铁至Schweizer Platz站下车，出站后步行可达。
- **电话** 069-605-0980。
- **门票** 6欧元。
- **时间** 10:00～17:00。
- **最美位置** 美术馆内。
- **最美看点** 歌德肖像画《堪帕涅的歌德》浪漫派、纳扎雷派以及表现主义派的作品。

10　美因河

美因河是莱茵河右岸的一条重要支流，河谷上有运河连接莱茵河和多瑙河两大水系。在夏季的时候乘坐小船游览美因河是最好的选择。

玩全攻略

- **地址** 库尔姆巴赫附近。
- **路线** 从法兰克福港口乘坐游轮即可到达。
- **时间** 全天开放。
- **门票** 免费。
- **最佳时间** 夏季。
- **最美位置** 游轮上。
- **最美看点** 美因河以及两岸的风景。

摄影指导

在拍摄美因河时，可以使用高色温白平衡模式，突出拍摄主题。

11 欧洲大厦

欧洲大厦是一栋非常雄伟壮观的大楼,前面的大蓝色欧元标志也非常醒目,这个大标志还成为了很多游客留影的对象。

玩全攻略

- **地址** Kaiserstrase 29,60311 Frankfurtam Main。
- **路线** 乘坐地铁U1、U2、U3、U4、U5至Willy-Brandt-Platz站下车,出站后步行即可到达。
- **电话** 069-134-40。
- **时间** 全天开放。
- **门票** 免费。
- **最美位置** 200米高的欧洲大厦顶层。
- **最美看点** 法兰克福的街景、摩天大楼群的魅力。

摄影指导

要想突出欧洲大厦的高大,建议采用近距离仰角的拍摄方式。

达人提示

在欧洲大厦的这些摩天大楼群中,其中最高的要算商业银行,它高249米,游人可以登上顶层观看,视野非常广阔。

12 法兰克福老歌剧院

法兰克福老歌剧院建于1880年,是一座巴黎歌剧院的复制品,外形是古希腊风格,内部却是富丽堂皇的巴洛克风格。

第二次世界大战时,几乎全部被毁,如今看到的歌剧院是后来重建的。

亲历记忆

我来到老歌剧院游玩,除了看到外形的优雅外,还有为整座建筑增色不少的歌德和莫扎特的雕像。

第5章 法兰克福玩全攻略

玩全攻略

地址	Opernplatz，60313 Frankfurt am Main。
路线	乘坐地铁U6、U7至Alte Oper站下车即达。
电话	069-134-00。
门票	无歌剧表演时免费
最佳时间	四季皆宜。
最美位置	老歌剧院内堂。
最美看点	优雅的建筑、现代的装饰以及各种歌剧艺术表演。

摄影指导

在拍摄老歌剧院的时候，可以抓住某个细节采用近距离特写的方式进行拍摄。

13 森肯伯格博物馆

玩全攻略

地址	法兰克福森肯伯格广场前。
路线	在市内乘坐出租车可以直接到达，只需10分钟车程。
门票	成年人6欧元，老年人5欧元，未成年人3欧元。
时间	9:00～17:00。
最佳时间	四季皆宜。
最美看点	仿真恐龙。

森肯伯格博物馆是德国最大的自然博物馆，也是世界上最著名的自然博物馆之一，它向人们展示了40亿年来地球的变迁，和各种生命形态的演化过程。在博物馆前的广场上，摆放着两个真实大小的仿真恐龙，让参观者还没进入博物馆就已经感受到大自然的独特魅力，来这里游玩绝对是一个不错的选择。

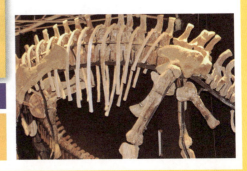

摄影指导

在拍摄这些仿真恐龙时，建议通过不同角度去展示它的特点。

14 哈瑙

哈瑙是一座拥有850年历史的古城，是格林兄弟的故乡，也被称为"格林兄弟之城"。

哈瑙的地标是集市广场上的格林兄弟国家纪念塑像，让每一位游客在游玩的时候，可以重温童年读过的童话故事中的熟悉场景。

玩全攻略

- **地址** 法兰克福以东20千米。
- **路线** 从法兰克福乘坐前往哈瑙的火车即可。
- **时间** 全天开放。
- **门票** 免费。
- **最佳时间** 四季皆宜。
- **最美位置** 哈瑙市中心广场。
- **最美看点** 格林兄弟国家纪念塑像。

亲历记忆

看到集市广场上的格林兄弟国家纪念塑像，就让我想起小时候读过的《格林童话》。

达人提示

哈瑙不仅是格林兄弟的故乡，也曾是一座以金银手工艺品而闻名的城市，全欧洲最大的金饰工艺博物馆也在这里。

15 棕榈树公园

棕榈树公园是德国最大的植物园，位于法兰克福的市中心，可以称得上一个植物王国，占地达26公顷，里面有来自世界各地的各种植物，这里有各种各样的主题公园和大量玻璃暖房展示。

亲历记忆

每次我在法兰克福玩累了以后，就会选择在棕榈树公园小憩一会儿，在这可以在长着茂密植物的小径上漫步，非常舒服。

第 5 章　法兰克福玩全攻略

玩全攻略

- **地址** Siesmayerstrasse 61。
- **路线** 乘坐地铁在 Bockenheimer Warte 站下车即可。
- **时间** 9:00～18:00。
- **门票** 4欧元。
- **最佳时间** 春季或夏季。
- **最美位置** 公园内。
- **最美看点** 主题公园和大量玻璃暖房。

摄影指导

线条是构成一幅画面的基本元素之一，在进行风景摄影时，可以寻找景物所蕴藏的各种丰富的线条，这样才能拍摄出一幅构图出色的风景作品。

16　法兰克福金融区

法兰克福金融区是欧洲最重要的金融中心之一，这里有超过300家的银行，这些摩天大楼群也吸引了很多游客前来参观。

玩全攻略

- **地址** Frankfurt Bankenvietel。
- **路线** 乘坐城铁至Taunusanlage站下车即可到达。
- **电话** 069-297-0320。
- **时间** 全天开放。
- **门票** 免费。
- **最佳时间** 四季皆宜。
- **最美看点** 摩天大楼群。

17 老证券交易中心

老证券交易中心是全世界最重要的股票交易所之一，游客可以在交易大厅内看到工作日的繁忙景象。另外，交易中心门前还有一头牛和一只熊的雕像，分别代表着股票的牛市和熊市，来到这里的游客都会伸手去抚摸牛角，希望能给自己带来好运。

玩全攻略

地址	Borsenplatz 2-660313。
路线	乘坐U1、U2、U3、U6、U7或者S1、S2、S3、S4、S5、S6、S8、S9至Hauptwache站下车，然后沿Schillerstr向北步行即可到达。
电话	069-2111-1510。
时间	星期一至星期五的10、11、12点。
门票	免费。
最佳时间	四季皆宜。
最美看点	老证券交易中心的牛和熊的雕像。

摄影指导

在拍摄这种牛和熊的纪念雕像时，可以采用标准镜头即视角在45°～50°之间，焦距在43～50mm的镜头拍摄。

达人提示

老交易所中心门外的那一头牛雕像，与纽约华尔街那头世界闻名的牛雕像是一样的，被很多游客抚摸。

18 海德堡大学

海德堡大学是德国最古老的大学，也是德意志神圣罗马帝国继布拉格和维也纳之后开设的第三所大学，到目前为止已经有近600余年的历史。海德堡大学培育了很多知名哲学家，被称为世界哲学家的摇篮。

达人提示

海德堡大学有很多学科都是享誉世界，历史仅次于捷克斯洛伐克的布拉格大学和奥地利的维也纳大学。

第5章 法兰克福玩全攻略

玩全攻略

地址 Grabengasse1，D-69117。

路线 从法兰克福乘坐火车至海德堡约1个小时，然后换成12、41、42路公交车至海德堡大学广场站下车即可。

电话 062-215-40。

时间 学生监狱星期二至星期天10:00～18:00。

门票 学生监狱2.5欧元。

最佳时间 四季皆宜。

最美看点 海德堡大学和校内的一座学生监狱。

亲历记忆

我游玩过一次海德堡大学内的学生监狱，四壁和房顶都是一些违规学生所涂抹的画和留言，看到这些我能想象当时那些违规学生被关在这里的情景。

摄影指导

在拍摄有着宽广面积的海德堡大学时，一般都会选用广角镜头，这样才能将建筑物全部纳入到画面中来。

波茨坦

第 6 章

波茨坦玩全攻略

波茨坦必游：3景
波茨坦印象：解读
波茨坦攻略：交通
波茨坦攻略：餐饮
波茨坦攻略：住宿
波茨坦攻略：购物
波茨坦攻略：游玩

波茨坦必游：3景

波茨坦位于首都柏林市中心的西南方，是勃兰登堡州最吸引人的旅游胜地。下面主要介绍波茨坦必游的3个景点。

01 波茨坦广场

波茨坦广场是当地最有魅力的场所，这里不仅有引人注目的建筑，还有很多购物中心、剧院以及电影院等，每年都能吸引很多游客前来参观。

02 无忧宫

无忧宫位于德国波茨坦市北郊，当初是为普鲁士国王腓特烈二世所建，模仿了法国凡尔赛宫的风格。无忧宫也恰好表现了帝王追求无忧的境界。

第 6 章　波茨坦玩全攻略

达人提示

无忧宫的建筑主要是以鹅黄色与白色为主，与翠绿色的铜门和屋顶相映成辉，呈现出金碧辉煌的感觉。

03 中国楼

中国楼是一栋金碧辉煌的圆形小屋，根据历史记载是由腓特烈大帝亲自设计的，因为当时中国的瓷器和艺术品在欧洲贵族间非常流行，欧洲人就想根据自己的想象建造一座具有中国风情的楼房，但却大相径庭。

亲历记忆

在我还没有来到中国楼游玩的时候，就听朋友说起过这个地方，起初我以为这是一个中国风格的楼，但事实上却完全不是。

波茨坦印象：解读

波茨坦是勃兰登堡州的首府，位于柏林市西南郊，从波茨坦前往柏林仅需半个小时的高速铁路的车程，非常方便。

达人提示

1000年前，波茨坦曾是斯拉夫人的居住地，Potsdam起源于斯拉夫文Poztupimi。公元1660年，普鲁士大选侯威廉把波茨坦定为陪都，开始在这里营建宫室，他还把成千上万受迫害的法国新教徒安置在这座人烟稀少的小城，这些移民用他们在故乡学到的知识和技能在波茨坦生活着，为当地经济的发展做出了极大的贡献，从波茨坦的"法国教堂"和"荷兰城区"，人们至今仍可看见当年各国移民的盛况。

第6章　波茨坦玩全攻略

01　历史与区划

历史	波茨坦的历史可以从以下两个重大的历史事件来看。 （1）波茨坦会议。1945年5月德国无条件投降，欧洲反法西斯战争胜利结束，但在远东对日作战还在激烈进行着，为了商讨对德国的处置问题和解决战后欧洲问题的安排，以及争取苏联尽早对日作战，而召开了波茨坦会议，这次会议不仅对波茨坦有着重大的影响，而且对整个德国都具有重大的意义。 （2）波茨坦公告。1945年7月17日，苏、美、英三国首脑在柏林近郊波茨坦举行会议后，并联合发表了《波茨坦公告》，为整个世界的和平做出了重大的贡献。
区划	波茨坦是勃兰登堡的中心，已经是一个市区了，因此不能再多划分出其他的区域了。

02　地理与气候

地理	波茨坦是勃兰登堡州的首府，位于柏林市西南郊，是"二战"末期著名的波茨坦会议的召开之地，整个波茨坦被易北河、哈弗尔河以及众多的湖泊和森林共同围绕着，地理条件非常优越。
气候	波茨坦的纬度比较高，一年四季的气温相对较低，属于温和的大陆性气候，年降水量在525~665mm之间，是一个非常适合旅游的城市。

03　人口与节日

人口	波茨坦的人口在14万左右。
节日	波茨坦重大的节日主要有4月份在荷兰人居住区举办的郁金香节、6月份的波茨坦无忧宫音乐节以及9月份的波茨坦巴赫节。

04 实用信息

电器	德国和中国一样为220V电压,所以中国的电器在那里都可以使用,但德国的插座与中国的大不相同,建议为随身带的电器配上插座转换器。
上网	如果你在路上需要上网或查看邮件,波茨坦也有不少网吧可以去。此外,在很多的咖啡馆或餐馆里也可以无线上网。
优惠卡	波茨坦卡是一张非常优惠的卡,有了这张卡你就可以无限制地乘坐当地的公共交通工具,就连一些景点门票、餐馆以及住宿都可以享受优惠。

波茨坦攻略:交通

波茨坦是勃兰登堡的中心城市,虽然波茨坦市内没有机场,但它位于柏林的附近,可以选择从柏林国际机场降落,然后再换乘其他交通工具前往波茨坦即可,非常方便。

01 铁路

波茨坦火车总站是当地最主要的火车站,地方火车从柏林火车总站或者动物园火车站出发,只需25分钟就会到达,有些班车在波茨坦火车总站停过以后,还会继续开往夏洛滕霍夫和波茨坦的无忧宫。

从柏林市中心开出的城铁S7大概40分钟即可到达波茨坦。要从柏林前往波茨坦的话,就需要购买覆盖A区、B区以及C区的公交车票。

02 市内交通

波茨坦市内的交通工具主要包括公共汽车、有轨电车以及出租车,其中公共汽车中最方便的一班就是695路,它连接火车总站、老城区以及无忧宫公园等几个热闹的旅游区,你可以买一张一日通票,票价在3.9欧元左右。

出租车也是游客们最常用到的交通工具之一,无论你去哪个景点,都可以乘坐出租车前往,但一般较短的路程乘坐出租车才划算。要想预订出租车可拨打033-292-929。

第6章　波茨坦玩全攻略

波茨坦攻略：餐饮

这里的餐饮种类极其丰富，有各式各样的餐厅，从浪漫的街头咖啡馆、高雅的海鲜馆、风格独特的酒馆、意大利冰淇淋店以及比萨饼店，到阿那托、希腊、中国、意大利、法国餐馆以及勃兰登堡的地方特色甚至中世纪的菜肴，应有尽有。

01 Loft

亲历记忆

我在这家餐厅吃了牛排，感觉非常正宗，一点都不比意大利本地的逊色，下次有机会还会再来这里。

Loft主要提供意大利面和牛排等意大利美食，这里不仅有美味的食物享受，还有迷人的景色可供欣赏。

玩全攻略

地址	Brandenburger Strass 30—31。
路线	从波茨坦电影馆搭乘出租车直行即可。
电话	033-951-0102。
时间	星期一至星期六10:00～24:00，星期天10:00～22:00。
价格	人均消费8～15欧元。
特色菜	意大利面和牛排。

02 小宫殿餐厅

巴伯斯贝格公园的小宫殿餐厅坐落于一个著名的广场上，四周所围绕的都是一些被联合国教科文组织列入世界文化遗产的一些知名建筑。

人们可以在常年开放的阳光露台或者在四个高雅美观的客厅之中享受美食，这里不仅有亲切的服务，还有各个季节的美食和上好的葡萄酒。

德国玩全攻略（图文全彩版）

03 Drachenhaus

　　Drachenhaus位于无忧宫附近，里面除了具有优雅的用餐环境外，还提供很多特色美食。

玩 全 攻 略

地址 Maulbeerallee 4a。
路线 从无忧宫步行即可到达。
电话 033-505-3808。
时间 5～10月11:00～19:00，11～2月11:00～18:00。
价格 人均消费10～15欧元。
特色菜 咖啡、蛋糕以及地方菜肴。

亲历记忆

　　游玩无忧宫后，我徒步来到这家餐厅，点一杯咖啡坐在这里，非常惬意。

第6章 波茨坦玩全攻略

04 Restaurant Uhlmann

来这里体验德国美味是一个非常不错的选择，所有的食材都非常新鲜，而且完全是绿色食物，菜单也经常更换，让你每一次来都可以吃到不一样的美食。

玩全攻略

地址	Jagerstrasse 38。
路线	在波茨坦市内乘坐出租车前往，非常方便。
电话	033-7304-0253。
时间	11:00～22:00。
价格	人均消费7～16.5欧元。
特色菜	德国美食。

达人提示

这里的食材都是当天从农村运过来的，而且不含任何农药成分，来这里用餐绝对是一个不错的选择。

05 Meierei Potsdam

这家餐厅以自酿的啤酒而出名，位于萨西林霍夫宫附近。每到夏季就会有许多人到此用餐，享受纯正口味的啤酒所带来的痛快。

玩全攻略

地址	Im Neuen Garten 10。
路线	从萨西林霍夫宫步行10分钟即可到达。
电话	033-704-3211。
时间	星期一至星期六11:00～21:30，星期天11:30～20:30。
价格	人均消费3～15欧元。
特色菜	自酿啤酒。

06 Fiore Restaurant

　　猎手门饭店(Hotel Am J gertor)的菲奥雷餐厅周围的环境非常美丽，游客们选择在这里用餐不仅可以看到地中海式的花园平台，还可以享受历史并不悠久却极具创造力的厨艺。

波茨坦攻略：住宿

　　波茨坦的旅游业发展迅速，住宿条件也非常优越，无论你要找什么样的落脚处，都能满足你的需求。如果你的预算比较高，可以住高档的酒店；若预算没有那么多的话，可以选择一些青年旅舍。

达人提示

住宿之前最好事先通过电话或者相关网站进行预订，以免到时候没有房间而耽误行程。

第 6 章　波茨坦玩全攻略

01 NH Voltaire Potsdam

NH Voltaire Potsdam有餐厅和酒吧等休息区，其他娱乐设施包括健康Spa浴盆、桑拿、健身设施以及蒸汽浴室。这家星级酒店还有商务中心，并提供小会议室和豪华轿车或市内汽车服务，方便商务人士居住。

玩 全 攻 略

- **地址** Friedrich-Ebert-Str.88, Potsdam, 14467。
- **路线** 从勃兰登堡门和财富门乘坐出租车前往非常方便。
- **时间** 24小时。
- **价格** 人均消费73～107欧元。
- **房间** 143间客房。
- **最佳时间** 四季皆宜。

02 Pension Remise Blumberg

该酒店的住宿环境特别好，房间虽然不是那么大，但设备却非常齐全。

玩 全 攻 略

- **地址** Weinbergstrassa 26。
- **路线** 离无忧宫很近，可以从无忧宫步行前往。
- **电话** 033-280-3231
- **时间** 24小时。
- **价格** 人均消费70～92欧元。
- **房间** 单人间和双人间。
- **最佳时间** 四季皆宜。

03 Mercure Hotel Potsdam City

Mercure Hotel Potsdam City总共有210间客房，每一个房间都配有迷你吧台和一个保险箱，周围的景色也非常迷人，住在这里可以观看城市、河流以及水域等风景。

玩全攻略

- **地址** LangeBruecke，Potsdam，14467。
- **路线** 从波茨坦电影博物馆步行，大概5分钟即可到达。
- **电话** 033-27-22。
- **时间** 24小时。
- **价格** 人均消费61～93欧元。
- **房间** 210间客房。
- **最佳时间** 四季皆宜。

04 Steigenberger Hotel Sanssouci

Steigenberger Hotel Sanssouci位于波茨坦中心，靠近勃兰登堡门、无忧宫公园以及无忧宫等著名景点，特别适合热爱游玩的旅客居住。

玩全攻略

- **地址** Allee Nach Sanssouci1，14471 Potsdam。
- **路线** 从勃兰登堡门乘坐出租车前往，只需5分钟的车程。
- **时间** 24小时。
- **价格** 人均消费56～148欧元。
- **房间** 137间客房。
- **最佳时间** 四季皆宜。

亲历记忆

我上次来到波茨坦游玩的时候，就住在这个酒店，无论是从酒店的设施还是服务上，我都特别满意。

第6章 波茨坦玩全攻略

05 Art Hotel Potsdam

　　Art Hotel Potsdam的气氛非常活跃，让住在这的每一位游客都过得非常开心，如果你想体验一次具有活力的住宿过程，那来这里将是一个不错的选择。

玩 全 攻 略

- 地址　Zeppelinstrasse 136。
- 路线　从哈弗尔河畔步行5分钟即可到达。
- 电话　033-981-50。
- 时间　24小时。
- 价格　人均消费75～200欧元。
- 房间　123间客房。
- 最佳时间　四季皆宜。

06 Hotel Ascot-Bristol

　　Hotel Ascot-Bristol是一家靠近巴伯尔斯贝格电影公园的酒店，选择在这里落脚非常方便。

波茨坦攻略：购物

除了别致的宫殿、漂亮的公园和数之不尽的令人赞叹不已的历史文化景观以外，波茨坦的购物选择也是多种多样，在这里建议去波茨坦的巴洛克风格地区和巴伯尔斯贝格附近的中心地带漫步一番，你会有意外的收获。

01 Barometer

Barometer是一个很受年轻人喜爱的购物场所，这里主要提供正宗的鸡尾酒，而且价格都特别合理，让你花最少的钱买到最好的东西。

这家店位于地下休息室，除了购物外，你也可以选择点一杯鸡尾酒坐在店里休息，配上这么好的环境，享受纯正的鸡尾酒带给自己的快乐。

亲历记忆

来到这么时尚的鸡尾酒店，我感觉是一件很浪漫的事。

玩 全 攻 略

地址	Gutenbergstrasse 103。
路线	从美术馆前往比较近，可以乘坐出租车。
电话	033-270-2880。
时间	从上午8:00开始营业。
价格	依鸡尾酒的品牌而定。
特色	纯正的鸡尾酒。
最佳时间	营业时间皆宜。
最美看点	各种品牌不一的鸡尾酒，时尚的购物环境。

第6章　波茨坦玩全攻略

02　荷兰区

玩全攻略

- **地址**　Holländisches Viertel。
- **路线**　在市内乘坐出租车，只需15分钟。
- **时间**　依照各商店而异。
- **价格**　依商品种类而异。
- **最佳时间**　营业时间皆宜。
- **最美看点**　古老的荷兰建筑和各种各样的商品。

在古老的荷兰区，有许多服装店、精品店以及其他特色购物店，多的让你流连忘返，来这里购物不仅可以看到古老的荷兰区，还可以买到自己想要的东西。

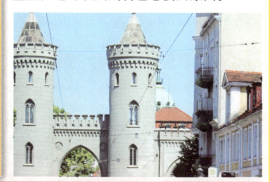

亲历记忆

在这个历史悠久的荷兰人居住的地方购物，我感到非常舒服，一边欣赏着那些历史建筑的独特魅力，一边还看着建筑物里各种各样的商店，而且每家店的商品种类也非常多，让我看得眼花缭乱。

03　卡尔施塔特购物中心

卡尔施塔特购物中心位于波茨坦城市宫殿内，它的建筑都是经过了精心修缮，如今却作为文物而受到保护，然而宫殿的内部却是非常现代化的购物中心，有着各种各样的商品出售，特别是种类齐全的服装，每天都有很多人前来购物。

亲历记忆

每次我来这里逛街的时候，人都特别多，显得非常热闹。

04 布兰登布格尔街

布兰登布格尔街位于波茨坦的市中心,是条热闹非凡且极受欢迎的购物街,宽阔的人行道、复古的庭院,让你在视觉上有一个极致的享受。

达人提示

如果有时间,不妨拐到布兰登布格尔街外的小道上,你会发现一些店主自营的小店铺,这里的商品不是工厂大量生产的成衣,而是充满了店主别具品味的独特设计。

05 巴斯普莱兹广场

巴斯普莱兹广场是一个传统的每周市场,这里出售各个地方的食物和特产。就连当地人也会经常光顾这里,即使你不买,也可以到这边来逛逛,体验一下当地人的每周市场。

亲历记忆

来到这里我有种在国内集市的感觉,商品各种各样,而且特别热闹。

第6章 波茨坦玩全攻略

波茨坦攻略：游玩

波茨坦位于柏林的西南方，有着田园诗般的自然环境和众多的历史景点，让波茨坦成为一个世界性的旅游城市，每年都吸引着数以百万计的游人前来参观。

01 波茨坦广场

最初的波茨坦广场只有一个十字路口，之后才在这里建起了波茨坦火车站，从而发展为德国最繁华的地区之一，也成了生机勃勃都市生活的代名词，它不仅吸引着世界各地的观光游客，也吸引着柏林人经常到此一游。

玩全攻略

地址	Potsdamer Platz 10785 Berlin1。
路线	乘坐城铁S1、S2、S25至波茨坦广场站下；乘地铁U2至波茨坦广场站或Mendelssohn-Bartholdy-Park站下车即可；也可乘坐129、148、200、248、348路公共汽车至波茨坦广场站下。
门票	3.5欧元。
时间	11:00～20:00。
最佳时间	四季皆宜。
最美位置	波茨坦广场
最美看点	欧洲曾经最大的建筑工地和德国最具有魅力的繁华区域。

达人提示

柏林墙倒塌之后，波茨坦广场就是欧洲最大的建筑工地。

摄影指导

在拍摄波茨坦广场时，可以利用晴朗天气时的直射光线，根据自然光线的不同强度，营造出不同的明暗对比，增强画面的立体感。

02 无忧宫

无忧宫又称莫愁宫，是18世纪德国建筑艺术的精华，全部建筑工程前后延续时间长达50年之久，虽经过无数次的战争，但却未遭受炮火轰击，至今仍保存完好，每年都能吸引很多游客前来参观。

摄影指导

无忧宫可以称得上一个气度非凡的建筑，在拍照时可以适当把相机倾斜一定的角度，表现出它的延伸感。

亲历记忆

无忧宫真的非常气派，我看着这些鹅黄色与白色搭配出来的建筑，真是相映成辉。

玩全攻略

地址	ParkSanssouci 14469 Postsdam。
路线	乘坐地铁U2至Klosterstr站下车，或从柏林搭乘S1约30分钟至无忧公园站下即可。
电话	033-1969-4190。
门票	8欧元。
时间	9:00～17:00。
最佳时间	四季皆宜。
最美位置	无忧宫前坪上
最美看点	金碧辉煌的无忧宫。

第6章　波茨坦玩全攻略

03 中国楼

腓特烈大帝原本是要建立一栋具有中国风格的建筑，但因为并未亲眼目睹过中国的建筑，所以建造出来的与中国的楼相差甚远，但正因为这样才更吸引人。

玩全攻略

地址	AmGrunenGitter，14469 Potsdam。
路线	乘坐X15、605、606、695路公交车至ParkSanssouci站下车，然后沿Hauptalle向西步行可达。
电话	033-1969-4225。
门票	2欧元。
时间	10:00～18:00。
最佳时间	四季皆宜。
最美位置	中国楼前面的草坪上
最美看点	外观可爱的圆形小屋。

摄影指导

在拍摄这具有特色的中国楼时，可以采用中央重点测光来获取画面，将中国楼置于画面的中央，或者将画面中灰亮度区域放在画面中央进行测光，然后锁定曝光，移动相机重新构图，这样就能拍出一张理想的照片。

04 橘园

腓特烈威廉四代时，为了在寒冷的冬季存放一些热带植物才建了这座橘园，最后由于腓特烈威廉四代的爱好，才把橘园打造成了一座意大利文艺复兴风格的建筑。

亲历记忆

站在橘园的前面，我看到它与旁边奢华的无忧宫相结合，感觉特别和谐。

德国玩全攻略（图文全彩版）

摄影指导

橘园是一栋地中海风格的建筑，占地面积宽广，所以在拍摄的时候需要选择一个合适的拍摄地点，或使用广角镜头，这样才能拍出建筑物的全景。

玩 全 攻 略

地址	Ander Orangerie 3—5，14469 Posdam。
路线	乘坐X15、695路公交车至Schloss Sanssouci站下车，然后沿着Maulbeerallee向西步行即到。
电话	033-1969-4280。
门票	4欧元。
时间	10:00～18:00。
最佳时间	四季皆宜。
最美位置	橘园的水池旁
最美看点	地中海风格的建筑风格。

05 塞西里恩霍夫宫

塞西里恩霍夫宫廷是一栋充满英国风情的狩猎馆，在第二次世界大战结束时，波茨坦会议就是在这里举行的，意义非凡。

玩 全 攻 略

地址	波茨坦市区东北方。
路线	乘坐692路公交车至Schloss Cecilienhof站下车即可。
门票	4欧元。
时间	9:00～17:00。
最佳时间	四季皆宜。
最美位置	宫廷内。
最美看点	英国风情的建筑风格。

第6章　波茨坦玩全攻略

06 无忧宫公园

无忧宫公园位于波茨坦市中心以西，地形像一头张牙舞爪的猛兽。公园占地面积非常大，优雅的小径布满了整个公园，无论你是来欣赏这满园的参天大树和珍稀的植物，还是选择漫步其中，都是不错的选择。

玩 全 攻 略

地址	ParkSanssouci 14469 Postsdam。
路线	乘坐地铁U2至Klosterstr站下车，或者乘坐695路公交车也可到。
门票	免费。
时间	从黎明开放至黄昏。
最佳时间	春季或者夏季。
最美位置	公园内。
最美看点	各种参天大树和珍稀植物，还有很多宏伟壮丽的宫殿。

亲历记忆

我漫步在其中一条游人较少的小径上，独自享受了一段甜美的时光。

达人提示

无忧宫公园内的植物都是非常珍稀的物种，到这里游玩要特别小心爱护，如有破坏都是要相应赔偿的。

摄影指导

在拍摄无忧宫公园时，可以在画面中纳入多个色彩艳丽的景物，这样才会使画面的整体色彩感更浓重、更真实。

07 新宫

新宫建立于腓特烈大帝在位时期，位于无忧公园的最西端，规模非常庞大，无论是它的装饰还是风格都给人一种印象深刻的感觉，来这里游玩绝对是一个不错的选择。

亲历记忆

我来到新宫游玩，看到它的外面装饰着奢侈的砂岩塑像，非常气派。

玩全攻略

地址	无忧宫公园最西端。
路线	从无忧公园步行，大概需要5分钟。
电话	033-969-4361。
门票	2.5欧元。
时间	4～10月10:00～18:00，11～3月10:00～17:00。
最佳时间	四季皆宜。
最美位置	新宫内。
最美看点	新宫内那些漂亮的房间。

摄影指导

在拍摄新宫时，建议采用顺光区拍摄，这样就能很好地突出建筑物的特点。

08 大理石宫

大理石宫是位于波茨坦新花园湖上的一个宫殿，具有典型的新古典主义风格，这也是一个值得一游的景点。

摄影指导

大理石宫位于新花园的湖上，摄影爱好者在拍照的时候可以结合水景，突出大理石宫清静的气氛。

玩全攻略

地址	新花园的湖上。
路线	从塞西里恩霍夫宫乘坐出租车即可到达。
电话	033-969-4246。
门票	5欧元
时间	10:00～18:00。
最佳时间	四季皆宜。
最美看点	新古典主义风格的建筑。

第6章 波茨坦玩全攻略

09 波茨坦电影博物馆

波茨坦电影博物馆位于老城区的皇家马厩里,虽然它只是一座小型的博物馆,但里面所展示的物品却非常多,来到波茨坦旅游千万不要错过这里。

玩全攻略

- **地址** BreiteStrasse 1a。
- **路线** 在波茨坦市内乘坐出租车即可前往,非常方便。
- **电话** 033-271-8112。
- **门票** 3.5欧元。
- **时间** 10:00～18:00。
- **最佳时间** 四季皆宜。
- **最美位置** 电影博物馆内。
- **最美看点** UFA电影制片厂和DEFA电影制片厂的发展历史。

亲历记忆

能在电影博物馆中的电影院内看电影,我感到非常荣幸。

达人提示

电影博物馆中的电影院里还会经常播放各种类型的电影,无论是以前的无声电影还是最近上市的新电影,你都可以在这里看到。

10 夏洛藤霍夫宫

夏洛藤霍夫宫是出自申克尔之手，被认为是他最优秀的作品之一，模仿了罗马花园住所的风格，非常漂亮。特别是旁边的多利斯式柱廊和青铜喷泉，每年都吸引很多游客前来观赏，到这里游玩将是一个不错的选择。

玩全攻略

- **地址** 夏洛藤霍夫花园附近。
- **路线** 离中国楼很近，从中国楼附近乘坐出租车或者步行即可到达。
- **门票** 4欧元。
- **时间** 10:00~18:00。
- **最佳时间** 春季或者夏季。
- **最美位置** 霍夫宫前坪上。
- **最美看点** 多利斯式柱廊、青铜喷泉以及古典风格的建筑。

亲历记忆

我来到夏洛藤霍夫宫，首先看到的就是青铜喷泉，很漂亮。

达人提示

夏洛藤霍夫宫是一座典型的新古典风格的建筑，非常值得一看。

摄影指导

多利斯式柱廊和青铜喷泉是夏洛藤霍夫宫的一大亮点，在拍摄照片时，可以相应地把这些亮点纳入到画面中去，这样拍出来的照片会更好看。

11 巴贝尔斯贝格宫殿

巴贝尔斯贝格宫殿位于著名的巴贝尔斯贝公园内，这座新哥特风格的建筑也是出自申克尔之手，非常值得一游，到这里游玩绝对会让你流连忘返。

第6章 波茨坦玩全攻略

亲历记忆

巴贝尔斯贝格宫殿美得像童话一般，让我看得如痴如醉。

玩全攻略

地址 巴贝尔斯贝格公园内。
路线 从波茨坦市内乘坐出租车前往巴贝尔斯贝格宫殿，非常方便。
电话 033-969-4250。
门票 4欧元。
时间 10:00～18:00。
最佳时间 6月下旬至10月。
最美位置 宫殿外面。
最美看点 新哥特风格的建筑以及周围美丽的自然环境。

达人提示

申克尔设计过很多优秀的作品，这只是其中的一个。

摄影指导

在拍摄巴贝尔斯贝格宫殿的造型时，要着重将它的装饰、绘画、雕刻、花纹以及摆设等表现出来，这样就能突出它独特的魅力。

斯图加特

第 7 章

斯图加特玩全攻略

斯图加特必游：3景
斯图加特印象：解读
斯图加特攻略：交通
斯图加特攻略：餐饮
斯图加特攻略：住宿
斯图加特攻略：购物
斯图加特攻略：游玩

斯图加特必游：3景

斯图加特是巴登-符腾堡州的首府，也是该州的第一大城市，不仅在经济和政治上具有一定的地位，在旅游业中也占很大比重。

01 奔驰博物馆

奔驰汽车公司是由被世人誉为"汽车之父"的卡尔·本茨和戈特利布·戴姆勒共同创建，博物馆内展出了160部不同年代的汽车，让喜爱奔驰汽车的游客流连忘返。

达人提示

奔驰汽车的总部就设在德国的斯图加特，而这座奔驰博物馆更是记载了奔驰汽车的发展历史，来这里游玩绝对是一个不错的选择。

第 7 章　斯图加特玩全攻略

02　保时捷汽车博物馆

　　德国就是一个汽车之城，不仅有慕尼黑的宝马博物馆，还有斯图加特奔驰博物馆和保时捷汽车博物馆，来到保时捷汽车博物馆不仅能让你目睹那具有现代美感的建筑，还可以让你感受各种经典跑车的魅力。

03　斯图加特艺术博物馆

　　斯图加特艺术博物馆是一座价值连城的城市艺术博物馆，立方体形状建造的玻璃大楼内，收藏了很多艺术家的作品，其中最重要的就是印象派画家阿道夫·霍尔茨尔及其好友的作品，还有这一地区的当代艺术作品。另外，这里也是收藏奥托·迪克斯作品最多的地方。

达人提示

　　白天，客人可以沿着玻璃游廊享受城市和周围小山的美丽景致；晚上，整个建筑就像一座迷人的宫殿。无论是白天还是晚上都非常值得一看。

斯图加特印象：解读

斯图加特位于德国西南部的巴登-符腾堡州中部，比较靠近黑森林和士瓦本，该市不仅是该州的首府，也是州级管辖区的第一大城市。

01 历史与区划

历史	斯图加特的历史可以分为以下3个主要时期。 （1）1848年革命期间。一个实行民主和要求独立的国会在法兰克福成立，不久后国会动摇，而普鲁士国王又拒绝革命，则其他议会成员都被逐出法兰克福，而最激进的成员则逃离到斯图加特准备东山再起。 （2）两次世界大战期间。第一次世界大战后，君主制垮台，成立了符腾堡自由州，1920年，斯图加特成为了德国国民政府的所在地；第二次世界大战期间，斯图加特的市中心几乎被空袭完全摧毁。 （3）"二战"后。1946年9月6日，美国国务卿在斯图加特歌剧院的一次演讲中提出推行马歇尔计划，该言论直接导致英国和美国占领区的统一。

第7章 斯图加特玩全攻略

续表

| 区划 | 斯图加特地区由斯图加特市中心、波普林根、埃斯林根、格平根、路德维希堡以及伊姆斯-莫县共同构成。 |

02 地理与气候

地理	斯图加特位于巴登-符腾堡州中部的内卡河谷地,也是在整个德国的西南部,与黑森林和士瓦本相连。
气候	斯图加特位于北大西洋和东欧大陆之间,属于西部的海洋性气候和东部的大陆性气候的过渡区,但是受西风带的影响,当地还是以海洋性气候为主,由于地势的影响,不同的地方气候也有所差距。

03 人口与节日

人口	斯图加特市区面积为207平方千米,人口将近59万。
节日	斯图加特的重大节日和活动主要包括以下3个。 (1) 夏季狂欢节。这个节日在每年的8月份举办,一般都维持4天左右。在这一段时间内,人们都在户外或者河边演奏和办一个盛大的聚会,非常热闹。 (2) 葡萄酒节。这个节日是在8月的最后一个周末举行,而宫殿广场和宫殿花园则是人们首选之地,在这里人们可以目睹各种各样的葡萄酒。 (3) 圣诞集市。每年的11月底至圣诞节前夕,在斯图加特的席勒广场和宫殿广场将会举办一个盛大的圣诞市场,来到这里你可以感受到很浓重的圣诞节气息。这个市场也是德国最大的集市之一,如果条件允许的话,一定要来这里看看。

达人提示

无论是夏季狂欢节还是葡萄酒节和圣诞集市,斯图加特当地的居民都非常重视,也办得很隆重,值得体验一番。

04 实用信息

斯图卡	在斯图加特旅游可以购买一张斯图卡，有了这张卡你可以免费进入大部分的博物馆，还可以在各种比赛和活动中享受优惠。
邮局	斯图加特的邮局主要有宫殿广场西北处和火车总站两个分局，营业时间是星期一至星期五10:00～20:00，星期六9:00～16:00，星期天休息。
旅游办事处	旅游办事处对于初次到来的游客非常方便，你可以请工作人员帮忙预订房间和提供一些交通咨询服务。他们的上班时间是星期一至星期五9:00～20:00，星期六9:00～18:00，星期天11:00～18:00。

斯图加特攻略：交通

斯图加特不仅拥有庞大、先进、便利的市内外公共交通网，还有很多其他的交通方式。下面主要介绍斯图加特4种重要的交通。

01 航空

斯图加特是巴-符州重要的交通枢纽，在它的南部有全州最大的机场，即斯图加特国际机场。机场共有4个航站楼，往返彼此也只需步行一小段路程。自2004年3月该机场正式运营以来，其客流量一直很大。

02 铁路

铁路也是斯图加特的一个重要交通方式，在这里游客可以很方便地往返卡尔斯鲁厄、斯特拉斯堡、曼海姆-科隆、慕尼黑、苏黎世-米兰以及海尔布龙-纽伦堡。对于往返这些方向的游客非常方便，可以好好利用。

03 公路

斯图加特还是一个公路交会点，德国的两条重要的高速公路就在这里交会，分别是A8和A81，一条是从巴黎到慕尼黑，另一条是从苏黎世到维尔茨堡。这两条公路的交会也使斯图加特与外界有了一个很好的桥梁，构成了斯图重要的对外交通网，不过一般对于在斯图加特市内游玩的游客来说很少用到。

04 市内交通

斯图加特市内交通网非常发达，整个地区的大小城镇都可以由德国铁路公司(DB)和地区政府联运的6条轻轨列车线路(S-Bahn)连接起来，所以无论你去斯图加特的哪个小城镇都可以方便地到达。

另外，斯图加特有轨电车公司(SSB)还独自经营了市内的18条地下铁路线、一条有轨电车线路、一条齿轮有轨电车线路、一条缆车线路以及不计其数的公共汽车线路。但是，也有众多私营交通运输公司开辟了新的公共汽车线路作为补充。

达人提示

无论是哪个交通运输公司都必须由斯图加特交通和价目联盟(VVS)统一管理，所以你不用担心票价不一的问题。VVS不仅制定统一的车票样式及价格，还提供内容详尽的车次查询系统。

斯图加特攻略：餐饮

对于喜好美食的人来说，斯图加特是一个难得的好地方，当地的特色菜种类繁多，让人目不暇接。如果你是在施瓦本的饭店和当地小酒馆里用餐，还可以尝到当地的鸡蛋面条和饺子。除此之外，外国风味的菜式在这里也非常普遍。

01 Zur Kiste

　　Zur Kiste是斯图加特地区最古老也是最受欢迎的餐馆之一，地址为：Kanalstrasse 2 Stuttgart Center。

　　餐厅内有70个座位和2间包厢，更特别的是还有一个露天台，非常受欢迎。

亲历记忆

我有时候选择在这里用餐，就是为了餐厅的露天台而来，特别喜欢坐在那用餐的感觉。

02 脚镣塔餐厅

　　脚镣塔餐厅内所有食物都是选用当地传统市场的新鲜食材加工而成，这里的口味很受当地老百姓的喜爱，很快就成为当地非常知名的一个特色餐厅。

玩全攻略

- **地址** Weberstrasse 72，Stuttgart Center。
- **路线** 乘坐地铁U2、U9线在Rathaus站下车，然后步行5分钟即可到达。
- **电话** 071-1236-4888。
- **时间** 10:00～24:00。
- **价格** 人均消费10～19欧元。
- **特色菜** 地中海风味的菜肴、巴登符腾堡州料理以及纯正啤酒。

亲历记忆

来到脚镣塔餐厅，顺着旋转的石梯到塔楼内用餐，我感觉很有意思。等到服务员送上美味的食物时，我已经迫不及待地想要尝尝了。

第 7 章　斯图加特玩全攻略

达人提示

这家餐厅的历史背景还是蛮丰富的：在1564年只是一个酒窖，而在1811年则由酒窖改为监狱，并且犯人都要戴着脚镣，所以这座建筑就称为脚镣塔；在接下来的一百多年里，就一直荒废着，直到1980年才被改装为餐厅。

03 Calwer-Eck-Braeu

Calwer-Eck-Braeu虽然是斯图加特最小的一个家庭酿酒厂，但却有很高级的酿酒气氛，暗色调的装饰和皮质的软座，让这座餐馆给人一种温馨舒适的感觉，然后配上正宗的佐酒小吃，更是绝妙。

达人提示

餐厅的地址在Calwer Strasse 31号，预订电话：071-2224-944，营业时间是：星期一至星期四11:00～24:00，星期五和星期六11:00～01:00。

04 Forum Theater Cafe

这家咖啡馆最大的特色就是拥有轻松的气氛,除此之外还提供一些美味的有机食物和松软的蓝莓蛋糕。

玩 全 攻 略

地址 Gymnasiumstrasse 21。
路线 离席勒广场很近,可以乘坐出租车前往。
电话 071-074-992。
时间 12:00~23:00。
价格 人均消费4~7欧元。
特色菜 咖啡、蛋糕以及养生汤。

亲历记忆

我来到这家咖啡馆最喜欢的就是去感受挂在那的艺术展品,非常具有欣赏价值。

05 Delice

Delice是一家米其林星级餐厅,若想享受高级的晚餐,这将是一个不错的选择。来自维也纳的主厨会为你制作特色美食,让你吃得赞不绝口。

玩 全 攻 略

地址 Haupstatter Strasse 61。
路线 距离Osterfeld Park很近,可以步行前往。
电话 071-640-3222。
时间 18:30~24:00。
价格 人均消费35~109欧元。
特色菜 鸡胸肉配牛肝。

达人提示

Delice只提供晚餐,其他时间是不营业的。想要来这家餐厅用餐一定要提前电话预订,否则会没有座位的。

第7章 斯图加特玩全攻略

06 Alte Kanzlei

玩全攻略

地址 Schillerplatz 5a。
路线 位于席勒广场附近，从席勒广场步行即可到达。
电话 071-294-457。
时间 星期一至星期四10:00～24:00，星期五和星期六10:30～01:30。
价格 人均消费9.5～17.5欧元。
特色菜 烤乳猪和煎饼汤。

　　Alte Kanzlei是席勒广场附近的一个人气餐厅，这里每天都是座无虚席，在这里用餐将是一个不错的选择。

07 Dinkelacker

　　Dinkelacker是一家经营施瓦本和国际风味菜肴的餐厅，它提供的都是一些当季的时令特色菜，非常值得一尝。

斯图加特攻略：住宿

　　德国的斯图加特是深受当地游客和外国旅客喜爱的旅游目的地，这里的住宿地方也特别多，而且都是以极高的服务态度而闻名世界。

达人提示

　　斯图加特的住宿费用也是随着旅游的发展而在逐渐提高，如果你想找一个有个性而且稍微便宜一点的住所的话，可以去旅游局办事处查看。

第7章 斯图加特玩全攻略

01 Steigenberger Graf Zeppelin

　　从外面看，Steigenberger Graf Zeppelin是一个混凝土外墙的建筑物，稍微显得有点古板，但进入大厅后就会有完全不一样的感觉，每一个房间都有着漂亮而时髦的装饰，如果你的预算比较高的话，在这里落脚将是一个不错的选择。

玩 全 攻 略

地址	Amulf-Klett-Platz 7。
路线	位于火车总站对面，从火车总站步行即可。
电话	071-204-80。
时间	24小时。
价格	人均消费195～220欧元。
房间	单人间、双人间以及豪华套房。
最佳时间	四季皆宜。

02 Hotel Unger

Hotel Unger是位于火车总站附近的一个人气住宿点，不仅交通方便，而且里面的气氛也非常友好和舒适。

玩 全 攻 略

地址	Kronenstrasse 17。
路线	离火车总站很近，可以乘坐出租车前往，只需5分钟的车程。
电话	071-209-90。
时间	24小时。
价格	人均消费80～175欧元。
房间	单人间和双人间。
最佳时间	四季皆宜。

03 斯图加特美丽殿酒店

斯图加特美丽殿酒店靠近卡尔蔡司天文馆、新国家画廊和宫廷广场，非常适合喜爱热闹的旅客居住。

04 Movenpick Hotel Stuttgart Airport

Movenpick Hotel Stuttgart Airport是机场附近的一个星级酒店，这家酒店以齐全的设施和优质的服务而闻名。

亲历记忆

我下飞机时已经很晚了，就直奔这家酒店而去，让我感到意外的是这里的服务非常好，使我没为自己的决定而后悔。

第 7 章　斯图加特玩全攻略

05　Der Zauberlehrling

Der Zauberlehrling的每一个房间都是经过精心设计的，来这里住宿决定让你不枉此行。

玩 全 攻 略

地址	Rosenstrasse 38。
路线	离酒店最近的景点有老宫殿，你可以从那乘坐出租车前往。
电话	071-237-7770。
时间	24小时。
价格	人均消费115～420欧元。
房间	泰坦尼克号套房、多媒体套房。
最佳时间	四季皆宜。

06　Holiday Inn Stuttgart

Holiday Inn Stuttgart是一家靠近孤独堡和保时捷博物馆的度假酒店，房间内的设施都是非常高档的，能让你有一种奢华的体验。

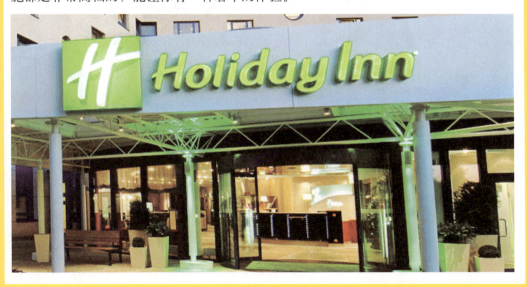

德国玩全攻略（图文全彩版）

斯图加特攻略：购物

斯图加特不仅是一个旅游胜地，还是一个购物天堂，这里有德国最大的步行街和欧洲唯一的室内大市场，只要你随便一逛就可以找到物超所值的物品，让你满载而归。

达人提示

在斯图加特还有世界闻名的圣诞市场，它被公认为欧洲最古老的、最大的同时也是最美丽的圣诞市场，如这里有各种各样的圣诞礼品、玩具、小吃以及音乐会。潜于钻研、锐于发明的斯图加特人把圣诞市场打扮得像一个美轮美奂的童话世界，让你流连忘返，到这里购物绝对是一个不错的选择。

01 国王大道

斯图加特的国王大道是德国最大的步行街，它从中心火车站一直到威廉大厦，排列着许多百货公司和世界名品专卖店，如果你运气好的话，恰好碰上这里的打折活动，还可以购买到很多物超所值的物品。

亲历记忆

在欧洲著名的购物大街上逛街就是不一样，道路两边的商店多得数之不尽，有精品店、服装店、手工店以及咖啡馆等，让我看得眼花缭乱。

玩全攻略

地址	Konigstrase，70173 Stuttgart。
路线	位于斯图加特的中央车站附近，出站即可到达。
时间	依各商店不同而异。
价格	依不同商品而异。
特色	欧洲最著名的购物街。
最佳时间	营业时间皆宜。
最美位置	国王大道上。
最美看点	道路两侧林立的精品店和长廊街道上的古典建筑。

第 7 章　斯图加特玩全攻略

02 卡尔维街

卡尔维街不仅有着很多精致优雅的小店，而且还拥有带着山形墙的房子和半木材的建筑，让你在逛街的同时，还能欣赏这些古老的建筑，这里还是一个散步的好地方。

亲历记忆

在一个天气甚好的日子，我与朋友漫步在这条街上，看着街上的一切，感觉都特别优美，我特别喜欢这里的建筑风格。

03 豆城区

在豆城区逛街人们都会有意想不到的收获，这里不仅有很多特色商品和国家品牌出售，还有很多小酒馆、各国风味的餐馆和许许多多小商店，来这里购物是一个不错的选择。

04 Marcoccino

Marcoccino主要提供一些手工自制的美味食品出售，有辣蘑菇、羊奶果仁糖以及巧克力鱼子酱，供你选择的商品非常多。

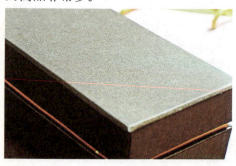

玩 全 攻 略

地址	Geissstrasse 10。
路线	在斯图加特市内乘坐出租车即可。
电话	071-5189-0596。
时间	星期一至星期六11:00～19:00。
价格	依不同商品而异。
最佳时间	营业时间皆宜。
最美看点	各种各样的手工自制美味，和迷人包装的礼物。

05 Stilwerk

Stilwerk主要提供一些德国顶级品牌的商品出售，最多的就是多样化的家居装潢物品，除此之外还有一些手工艺品和高档消费品等。

玩 全 攻 略

地址	Konigsbaupassagen。
电话	071-253-6713。
时间	星期一至星期六10:00～20:00。
价格	依不同商品而异。
特色	著名的家居装潢物品市场。
最佳时间	营业时间皆宜。
最美看点	德国顶级品牌的家居装潢物品市场。

亲历记忆

这是一个非常高级的购物场所，里面的东西也都特别昂贵，我只能欣赏了。

第7章 斯图加特玩全攻略

06 市场大厦

斯图加特的市场大厦是欧洲唯一的室内大市场,也是德国最漂亮的市场之一,造型美观,在这里你可以用相当优惠的价格购得称心的商品。

斯图加特攻略:游玩

斯图加特坐落在黑森林旁,是不少文学家与思想家的出生地,它是一座迷人的旅游休闲城市,这里名胜遍布、民俗众多、节庆不断,可以堪称车都、酒乡、观光胜地,委实不过,同时还是德国南部的艺术之都,非常值得一游。

01 奔驰博物馆

奔驰博物馆属于世界上最古老的汽车博物馆,里面收藏了很多过去使用过的豪华车辆、赛车和破纪录的车辆的引擎,连世界上最早的汽车、日本天皇的座驾、第一部命名为Mercedes的汽车以及最新款的跑车,都可以在这个博物馆中看到。

德国玩全攻略（图文全彩版）

玩全攻略

地址 Mercedesstrass 100，70372 Stuttgart。

路线 乘坐城铁S1号线在Gottlieb Daimler Stadion站下车，或者乘坐56路公共汽车在Martin-Schrenk-Weg站下车即可。

门票 4欧元。

时间 星期二至星期六9:00~17:00节假日、12月24号以及12月31号是闭馆。

最佳时间 开放时间即可。

最美位置 博物馆内。

最美看点 160部不同年代所生产的汽车。

达人提示

也只有在这里，人们能真正领略到整个汽车工业的发展史，为游客呈现出一个完整的奔驰世界。

摄影指导

对于这个体积稍大、形状个性的景物来说，每一个面都可以作为一个拍摄角度。因此，可以尝试从不同的角度进行拍摄，展现出不同的面貌。

02 保时捷汽车博物馆

达人提示

保时捷博物馆虽然展品不多，但件件都是精品，值得称赞的是，这里也是学习汽车知识的好地方，不少部件甚至整车都被打开展览，内部结构看得一清二楚，而且都是保时捷的原件。

馆内展示了20余部保时捷的经典款式，喜爱保时捷跑车的游客千万不要错过这里。

馆内通过展品车辆和照片向人们述说着欧洲汽车制造界的历史，令人回味无穷。

第 7 章　斯图加特玩全攻略

摄影指导

来到保时捷汽车博物馆，看到那些经典的跑车，每个人都会心动，在拍摄馆内的汽车时可以通过各种不同角度去表现。

玩 全 攻 略

地址	Porscheplatz 1，70435 Stuttgart Zuffenhausen。
路线	乘坐S6至Neuwirtshaus站下车，然后出站步行即可。
电话	071-1911-20911。
门票	8欧元。
时间	9:00～18:00。
最佳时间	四季皆宜。
最美位置	博物馆内。
最美看点	保时捷的经典跑车。

03　斯图加特艺术博物馆

斯图加特艺术博物馆是一个以现代和当代艺术为主的博物馆，在里面你可以欣赏到很多著名艺术家的作品。

玩 全 攻 略

地址	Kleiner Schlossplatz 1。
路线	位于席勒广场附近，可以选择从席勒广场步行或者乘坐出租车直接前往。
电话	71-216-2188。
门票	5欧元。
时间	星期二至星期日10:00～18:00，其他时间10:00～21:00。
最佳时间	四季皆宜。
最美位置	艺术博物馆内。
最美看点	奥托·迪克斯的作品。

04 斯图加特剧院

斯图加特剧院是市中心的文艺胜地，喜爱艺术的朋友们千万不要错过这里，无论你是来欣赏剧院独特的建筑风格，还是来品味里面的艺术表演，都是一个很好的选择。

摄影指导

在拍摄斯图加特剧院时，可以利用前景来表现建筑的雄伟、高大，例如前面的水池和旁边的大树等，利用这些景物作为前景，用对比的方法突出剧院的美。

亲历记忆

我来这里游玩是在晚上，这些建筑在夜晚灯光的照耀下显得更加优雅了。

玩全攻略

地址	Oberer Schiosgarten 6，70173。
路线	乘坐U5、U6、U8至Schlossplatz站下车，或者从斯图加特中央车站步行10分钟即可。
电话	071-120-2090。
门票	免费。
最佳时间	四季皆宜。
最美位置	剧院内。
最美看点	各种艺术表演和独特的建筑风格。

第 7 章　斯图加特玩全攻略

05　国家美术馆

国家美术馆是一个集当代建筑风格与古典主义风格于一体的建筑，那富有曲线美感的设计绝对会让你赞不绝口，另外还有很多艺术收藏品，来这里游玩绝对是一个不错的选择。

玩 全 攻 略

地址	Konrad-Adenauer-Strasse 30—32。
路线	离火车总站不太远，从那乘坐出租车即可。
电话	071-470-400。
门票	5.5欧元。
时间	10:00～18:00。
最佳时间	四季皆宜。
最美看点	富有设计感的建筑和展示的艺术品。

摄影指导

在拍摄国家美术馆时，只要抓住那富有曲线美的设计感即可拍出好照片。

06　威廉玛动植物园

威廉玛动植物园是德国著名公园之一，里面既有美丽可爱的动物，也有多种多样珍贵的植物，非常受游客的喜爱。

玩 全 攻 略

地址	Rosensteinpark。
电话	071-540-20。
门票	成人11.4欧元，未成年人5.7欧元，冬季为4欧元。
时间	8:15～18:00。
最佳时间	春季或者冬季。
最美位置	动植物园。
最美看点	可爱的动物和珍贵的植物。

07 符腾堡州立博物馆

符腾堡的历史可以追溯到16世纪，里面收藏了很多艺术品，包括石器时代的艺术品，凯尔特侯爵的陪葬物，中世纪的雕刻、绘画、钱币、家具以及科学仪器等，博物馆记载着这个州的发展历史，非常值得一看。

达人提示

在博物馆内还有一个钟楼，每小时都会撞钟报时，如果你想知道时间就可以去那听。

亲历记忆

里面所收藏的文物真的特别多，而且感觉都是具有一定的年代的，看得我眼花缭乱。

玩全攻略

地址	Schlllerplatz 6。
路线	位于老宫殿附近，从那步行可达往。
电话	071-279-3498。
门票	成人4.5欧元，12岁以下免费。
时间	10:00～17:00。
最佳时间	四季皆宜。
最美位置	博物馆内。
最美看点	中世纪的雕刻、绘画、钱币、家具以及科学仪器等。

摄影指导

符腾堡州立博物馆内的文物都是具有一定的历史的，在拍摄时尽量采用近距离特写的方式，这样才能清晰地表现出来。

08 乐器博物馆

来到乐器博物馆首先看到的是屋顶的一尊酒神雕像，因为斯图加特的这个乐器博物馆的前身是一个酒窖，经过一段时间的荒废后才被改装成一个著名的乐器博物馆，里面展示了各种各样的乐器，音乐迷们千万不要错过这里。

第 7 章　斯图加特玩全攻略

玩 全 攻 略

- **地址**　Schillerplatz 1。
- **路线**　位于修道院教堂隔壁，步行即可到达。
- **门票**　持州立博物馆门票免费。
- **时间**　10:00～17:00。
- **最佳时间**　每周五。
- **最美位置**　乐器博物馆内。
- **最美看点**　精彩的音乐会和各种各样的乐器。

达人提示

如果你恰好游玩过符腾堡州立博物馆的话，那么千万不要浪费州立博物馆的门票，因为可以凭借它免费进入乐器博物馆。

汉诺威

第 8 章

汉诺威玩全攻略

汉诺威必游：3景
汉诺威印象：解读
汉诺威攻略：交通
汉诺威攻略：餐饮
汉诺威攻略：住宿
汉诺威攻略：购物
汉诺威攻略：游玩

德国玩全攻略（图文全彩版）

汉诺威必游：3景

汉诺威位于莱纳河畔，是德国下萨克森州的首府，这座城市的风景名胜可以沿着4200米长的"红线"一路慢慢地观赏。

01 汉诺威大花园

汉诺威大花园是最著名的欧洲巴洛克风格花园之一，它的历史可以追溯到1638年。在那个年代Calenberg公爵就已经开始建造此花园，直到经过后面3个世纪的推移，花园的主人也改朝换代，每一个朝代都会在很大程度上对花园进行改建和扩建，也就成就了如今这般美丽的景象。

达人提示

无论是在哪朝哪代汉诺威大花园都非常受帝王的喜爱，自然也就成为了一个显赫的皇家园林，深受游人的喜爱。

02 汉诺威展览中心

汉诺威展览中心总共拥有面积多达50万平方米的室内展厅，以及5.8万平方米的户外场地，绝对可以称得上世界上最大的展览中心。

第 8 章　汉诺威玩全攻略

03　三教母像

三教母像是由法国艺术家法莱所创作，是三座非常性感的女性雕塑。这三座教母像已经成为了这座城市的标志，是一个不容错过的景点之一。

达人提示

游客来此可以到附近的海滩游泳、滑冰、驾帆船，到深海捕鱼，乘气球升空，或是参观附近的名胜古迹。

汉诺威印象：解读

汉诺威是工业和制造业高度发达的城市，是德国的汽车、机械、电子等产业的中心。此外，第三产业已占就业人数的2/3，除商业、金融、保险业外，汉诺威最著名的就是会展业和旅游业，欧洲最大的旅行社组织TUI的总部就设在这里。

01 历史与区划

历史

汉诺威的历史可从以下两个主要时期来看。

（1）中世纪时期。这个城镇在莱纳河的岸上建立了，并取名Honovere；到了13世纪，就逐渐发展成了一个比较大的城镇；14世纪，汉诺威教堂建立，同时还建立了一个带有3个城门的城墙，用以保护城市；1636年，Calenberg公爵迁都汉诺威，并将他的公国称为"汉诺威公国"。

（2）七年战争时期。1757年7月26日爆发了Hastenbeck战役，法国军队击败了当地的守备军并占领汉诺威；1803年7月5日，拿破仑强加了Artlenburg协定之后，解散了汉诺威军队，乔治三世不认可这个协定，并且努力招募外籍部队，这导致大量的汉诺威战士最终移居英国，成为后来在滑铁卢战役中一个重要的角色；1814年在维也纳会议上，乔治三世把整个选区提升为"汉诺威王国"，它的首府汉诺威也扩展到了莱纳河的对岸，并有大幅的增长。

第8章 汉诺威玩全攻略

续表

区划	汉诺威是下萨克森州的首府，已经是一个市级城市，因此已经不能再多划分出其他区域了。

02 地理与气候

地理	汉诺威位于北德平原和中德山地的相交处，既处于德国南北和东西铁路干线的交叉口，又濒临中德运河，是个水陆辐辏的交通枢纽，无论是自然地理还是人文地理都非常优越。
气候	汉诺威属于温带海洋性气候，全年温和多雨，夏季温度不是很高，冬季的温度也不会太低，降雨分布在一年四季，但多集中在10月至次年的4月，所以到汉诺威旅行的最佳季节是5~10月初。

03 汉诺威的重大节日

国际射手节	这个节日是在6月30日~7月9日这段时间举办，从马戏表演、射击比赛到摩天轮怀旧色彩的旋转木马、零售摊位和亭子、惊险的游戏以及其他盛大游戏等。这个节日的高潮是周五在市政厅举行的传统的"射手之王"的宣誓仪式和周日举行的五彩缤纷的神枪手游行，这些欢乐的庆祝活动，都让整座城市充满活力。
马什湖夏日狂欢节	这个节日是在7月26日~8月13日这段时间举办。马什湖夏日狂欢节是德国北部最大的露天狂欢节，这时到处都充满了浪漫的气氛，不管是在晚上乘船出游还是手牵手地在灯火通明的岸边散步，都能有这样的感觉。狂欢节开幕的晚上和最后一个周六的烟火表演也是值得一睹的奇观。
国际烟火表演赛	国际烟火表演赛举办的时间主要有5月13日、5月27日、6月17日、9月9日和23日。在流行与古典音乐的伴奏下，这些烟火制造家将在精准的时间内引爆，发射出令人瞠目结舌的表演，游客可以在这里欣赏到风格各异的演出和音乐。

达人提示

汉诺威的所有重大节日都有神奇的灯光相伴，使整个节日更加熠熠生辉。无论你是来自世界的哪个地方，都可以非常融洽地与当地居民一起享受这些美好的日子。如果你恰好在这些时间来到汉诺威的话，一定会给你留下一个很深刻的印象。

04 实用信息

上网	汉诺威有一个非常舒适的上网地方，就是Teleklick Hannover，每小时的费用为1.8欧元，营业时间是9:00~23:00。其他方面的信息可以通过电话咨询0511-763-5201。
货币兑换	在汉诺威旅行时，你可以在旅行银行进行货币兑换，营业时间是星期一至星期六8:00~22:00，星期天9:00~22:00。另外，火车总站内还设有几台ATM机，并提供货币兑换服务。
汉诺威旅游局	汉诺威旅游局的信息咨询电话为0511-1234-5111，房间预订电话是0511-123-4555，营业时间是4至9月的星期一到星期五9:00~18:00，星期六和星期天是9:00~14:00。
时差	与国内相差7个小时(夏令时间相差6小时)。

汉诺威攻略：交通

汉诺威是德国的重要交通枢纽，由于2000年世博会的召开，汉诺威的交通变得相当发达。各个方向的铁路以及高速公路都在此交会。

01 航空

汉诺威机场是当地的主要机场，代号是HAJ，虽然航班并没有柏林、慕尼黑以及法兰克福的多，但每天也会有很多航班发出。机场距离市区大约有12千米，搭出租车约需20欧元；从机场搭乘公交车到火车站需15分钟左右。

02 铁路

汉诺威主火车站是德国第5大火车站，每天有622班次火车到达或离开，发往超过60个欧洲大城市，每天的客运量大约为25万人次，车站内共有12个火车站台与6个地铁站台，换乘相当便捷，游客可以好好利用。

第8章　汉诺威玩全攻略

03　公共交通

除了发达的铁路交通，汉诺威的公共交通网络也是德国公共交通的典范，10条城郊线和6条快速城郊线把汉诺威的郊县与市区很好地连接起来，市内交通也是由14条轨道交通线以及超过100条的公共汽车线路组成。地铁也是公共交通的主要交通工具，它延伸到城市的每个角落，最大的地铁站就是位于市中心的Krouml Pcke，所有的地铁线路都会在这里停靠。

04　水路

除了上述那些交通外，汉诺威还拥有4个大型港口，每年都有很多轮船停靠在这里，其中主要的是货轮。汉诺威是北德最大的内陆港。

达人提示
有些大型城市有直接到汉诺威的轮船，你也可以好好地利用，但一般在市内游玩的话还是很少用到水路交通。

汉诺威攻略：餐饮

汉诺威最典型的料理是以芦笋和土豆为主，而冬季则以绿甘蓝烹调，在这里随便走进一家餐厅用餐都是一件美好的事。

01　Bei Costa

Bei Costa是当地的一个人气餐厅，这里主要提供德国当地的传统美食，主要有美味猪蹄、绿皱皮菜加香肠以及咸肉等，来这里用餐绝对是一个不错的选择。

达人提示
餐厅的具体地址是Hildesheimer Str. 112 Deutsch Hannover。

02 Sonderbar

　　Sonderbar是火车站附近的一家高级餐厅,用餐环境非常高雅。这里是一些商务人士和休闲游客的最佳去处,主要提供墨西哥、西班牙以及意大利的风味小吃。

亲历记忆

　　坐在楼下的休闲区,尝着美味的异国小吃,我感觉这不仅仅是在用餐,而是在做一件非常美好的事。

第8章 汉诺威玩全攻略

玩全攻略

地址 Raschplatz 6。
路线 位于火车站附近，从火车站步行即可到达。
电话 0511-3365-9700。
时间 12:00～23:00。
价格 人均消费3.6～15欧元。
特色菜 墨西哥、西班牙以及意大利的风味小吃。

达人提示

这家位于火车站附近的餐馆分为楼上和楼下两个部分，楼上主要是高雅的室内餐厅，有高级运动酒吧区，提供烤土豆，而楼下主要是休闲区，可供那些商务人士或者休闲游客海阔天空地谈论。

03 Spandau

这家餐厅在汉诺威的北部，菜单也非常简单，特色菜是意大利面、豆腐咖喱以及其他一些实惠的肉类食物，坐在这充满复古风情的餐厅里用餐，将是一种特别的享受。

达人提示

餐厅的地址为Engelbosteler Damm 30号，预定电话：0511-1235-7095，营业时间是星期天至星期三10:00～13:00，星期四至星期六延迟到14:00。

04 Hiller

Hiller是德国最具有历史的素食餐馆，这里有着最时尚的装潢，但却仍然保留着最古老的菜式。

玩全攻略

地址 Blumenstrasse 3。
路线 可从汉诺威市内乘坐出租车前往。
电话 0511-321-288。
时间 只提供星期一至星期六的午餐和晚餐。
价格 人均消费6.2~20欧元。
特色菜 咖啡、蛋糕以及养生汤。

亲历记忆

我看到Hiller的标志就想笑，它是一根胡萝卜。

05 China Restaurant Tai-Pai

一看这家餐厅的名字就知道它是一家中国餐厅，主要供应具有中国风味的菜式，烤鸭是餐馆的一道特色菜，深受来自世界各地游人的喜爱。

达人提示

来这里用餐绝对是一个不错的选择，餐厅的地址为Hildesheimer Str. 73 30169 Hannover。在来这里用餐之前，你可以通过电话进行预约，预约电话是0511-885-230。

第8章　汉诺威玩全攻略

06　Pier 51

这家餐厅是汉诺威最浪漫的餐厅之一，每天来这里用餐的人都特别多，一定要提前通过电话进行预订。

玩全攻略

地址	Rudolf von Bennigsen Ufer 51。
电话	0511-807-1800。
时间	12:00～24:00。
价格	人均消费9～23欧元。
特色菜	鱼类食品、肉类食品以及面食类美食。
最佳时间	夏季。
最美看点	码头花园。

亲历记忆

这家餐厅是我在汉诺威所见过的最可爱的餐厅，玻璃墙取代了所有传统的墙，坐在里面还可以看见外面的风景。另外，餐厅外面还有一个"码头花园"，坐在那里用餐更是浪漫，可惜我没有订到外面的位子。

汉诺威攻略：住宿

在汉诺威可供选择的住宿点非常多，从高档的星级酒店，到经济的背包旅馆，应有尽有。无论你的要求怎么样，都能找到满意的住所。

达人提示

汉诺威旅游局的工作人员只在交易会期间，才帮助游客找出租的私人房间，但是全年都提供介绍旅馆的服务，费用是6.5欧元。

德国玩全攻略（图文全彩版）

01 Kastens Hotel Luisenhof

这是一家历史悠久的高档酒店，首先它的建筑看起来非常宏伟，特别吸引眼球，当你一进入酒店大厅的时候就会感觉非常优雅，在视觉上就给你一个极致的享受。

02 Arabella Sheraton Pelikan

这家酒店坐落在一个旧工厂的原址上，经过改装后变为现在的人气住宿点，房间内有宽大的床、松软的被子以及美丽的床垫，让你有一种急切躺下的冲动。

玩 全 攻 略

地址 Podbielskistrasse 145。

路线 乘坐地铁U3、U7、U9至Pelikanstrass站下车即可。

电话 071-90-30。

时间 24小时。

价格 人均消费119～155欧元。

房间 单人间、双人间以及宽大的套间。

最佳时间 四季皆宜。

第8章　汉诺威玩全攻略

03 背包客旅馆

背包客旅馆是一个私人青年旅舍，这里有着最友好的气氛，地理位置也比较优越，比德国青年旅舍协会的下属旅舍都便利，房间也让人感觉特别舒服。

达人提示

如果你选择到背包客旅馆落脚的话，可以乘坐地铁10号线到歌德广场站下车，然后穿过歌德广场直达Lenausstrasse大街，你就会看见这家青年旅舍。

04 Jugendherberge

Jugendherberge位于汉诺威市郊3千米处，旁边还有一个漂亮的人工湖，环境非常好。

玩全攻略

地址	Ferdinand-Wilhelm-Fricke-Weg。
路线	坐轻轨到Fischerhof站下车，然后从Lodemannbrucke桥上过河右转即可。
电话	071-131-7674。
时间	24小时。
价格	人均消费17～20欧元。
房间	提供多个床位。
最佳时间	四季皆宜。

达人提示

Jugendherberge是一个地理位置稍偏的青年旅舍，如果你想暂时远离市区的喧闹，就可以选择在这里落脚。

05 Hotel Flora

Hotel Flora位于汉诺威森林的边缘，虽然从外表看不是那么豪华，但里面的房间却非常舒适。

玩全攻略

地址	Heinrichstrasse 36。
电话	071-383-910。
价格	人单人间33欧元，双人间62欧元，带卫生间的47～75欧元。

第8章　汉诺威玩全攻略

06 Park Inn Hannover Hotel

　　这是一家人气连锁酒店，在德国的各大城市基本都有旗舰店，它是以优质的服务和清洁的卫生而出名，在这里落脚也是一个不错的选择。

汉诺威攻略：购物

　　汉诺威除了是一个旅游胜地以外，还是一个购物天堂，这里有很多时尚的购物商店，从高级的百货大楼到经济的跳蚤市场，随便一逛你就可以买到自己心仪的物品，到汉诺威游玩千万不要忘记随处逛逛。

达人提示

在一些普通商店或者跳蚤市场购物最好要携带足够的现金，因为这些地方都不支持刷信用卡。另外，在跳蚤市场购物时，千万不要还价，因为这里的价格已经很低了，如果你再还价的话当地人会认为不被尊重。

01 格奥尔格大街

格奥尔格大街位于克罗普克、歌剧院和阿吉定门广场之间，这里有许多非常时髦的购物长廊和商场，来这里购物绝对让你满载而归。

达人提示

格奥尔格大街算是汉诺威最出名的购物街了，每天都有很多人来这里购物，这里的商品种类非常齐全，款式新颖，是很多时尚潮流品牌的汇集地。

02 跳蚤市场

莱纳林荫道上在每一个星期六，都会举办一次赶集的市场，称为跳蚤市场，所以一到星期六就会有很多人特意安排到这里来逛一逛，瞧一瞧，或者买一些超级便宜的东西回家。

亲历记忆

汉诺威的跳蚤市场非常大，我逛了一整天才逛完，还买了很多既便宜又好看的东西，逛得非常开心。

第 8 章　汉诺威玩全攻略

03　集市大厅

　　集市大厅就像汉诺威的大肚腩，为游客提供本地区的新鲜农产品，和许多来自世界各地好吃的东西。

汉诺威攻略：游玩

　　旅游业作为汉诺威最著名的产业，非常发达，欧洲最大的旅行社组织TUI的总部选择在这里设立就是看重当地的发展，景点丰富的汉诺威每一年都能吸引成千上万的游客前来度假，来这里游玩绝对是一个不错的选择。

达人提示

　　2000年，世界博览会在汉诺威成功举办，对当地旅游业的发展也做出了不少贡献。另外，一年一度的汉诺威射手节也是全世界类似节日中规模最大的，世界各地的游客也是不远千里，慕名而来。

01 汉诺威大花园

汉诺威大花园是赫伦豪泽园林中最重要的景点，是德国少有保存完好的巴洛克园林，花坛中有法国和荷兰艺术家设计的雕塑，北面是宫殿和画廊，中央为高82米的大喷泉，漫步在这经过修整的树林之间，非常舒服。

玩 全 攻 略

地址	Herrenhauser Strabe 4，3419 Hannover Germany。
路线	乘坐地铁U4、U5在赫伦豪泽园林站下车，然后步行即可到达。
电话	0511-1684-7576。
门票	4到10月成人4欧元，儿童免费；10月至次年3月免费。
时间	10:00～18:00。
最佳时间	春季或夏季。
最美位置	喷泉旁。
最美看点	整齐的花坛、特定形状的草坪以及漂亮的喷泉。

摄影指导

汉诺威大花园在春季或者夏季时，显得格外漂亮，在拍摄这些美景时，一定要设计好相机的曝光数，以免影响整个画面的效果。

02 汉诺威展览中心

汉诺威展览中心是世界上最大的展览中心，第一次举办展览会是在1947年，从那以后这个地方就成为了一个很著名的展览会场。除了2000年的世博会，每年的CeBIT和汉诺威工博会都在这里举行，这里绝对是一个值得游玩的好地方。

第 8 章　汉诺威玩全攻略

玩全攻略

- **地址**　Messegelande 1，30521 Hannover Deutschland。
- **电话**　0511-890。
- **门票**　4欧元。
- **时间**　10:00～20:00。
- **最佳时间**　四季皆宜。
- **最美位置**　展览中心内。
- **最美看点**　世界最大的展览中心和各个时期的展览会。

亲历记忆

当我来到汉诺威展览中心时，看着那么庞大的一个富有艺术设计感的建筑，不得不佩服当时的设计师和建筑师们，他们太伟大了。

03 三教母像

莱纳河畔的这三座圣母雕像非常具有艺术感，是出自伟大的设计师之手。

玩全攻略

- **地址**　莱纳河畔。
- **路线**　可以从市内乘坐出租车前往。
- **门票**　免费。
- **时间**　全天开放。
- **最佳时间**　四季皆宜。
- **最美位置**　三座圣母像边上。
- **最美看点**　富有艺术感的三座圣母像。

04 克斯特纳博物馆

克斯特纳博物馆内展示了很多具有价值的艺术品，包括包豪斯风格的餐具，以及古希腊和古埃及的古董，来这里绝对让你一饱眼福。

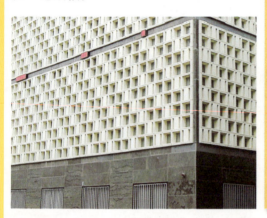

玩 全 攻 略

- **地址** Trammplatz 3。
- **电话** 0511-1684-2120。
- **门票** 5欧元，星期五免费。
- **时间** 11:00～18:00。
- **最佳时间** 四季皆宜。
- **最美位置** 博物馆内。
- **最美看点** 包豪斯风格的餐具，以及古希腊和古埃及的古董。

05 新市政厅

汉诺威新市政厅建于1901—1913年之间，参观新市政厅是认识汉诺威的一个最好方式，在这里你可以欣赏到整个城市的景观。

玩 全 攻 略

- **地址** 克斯特纳博物馆附近。
- **路线** 从克斯特纳博物馆步行15分钟即可到达。
- **门票** 成年人2.5欧元，未成年人2欧元。
- **时间** 星期一至星期五9:30～18:00，星期六和星期天10:00～18:00。
- **最佳时间** 四季皆宜。
- **最美位置** 新市政厅观景台。
- **最美看点** 整个汉诺威的城市景观。

第8章 汉诺威玩全攻略

06 马什湖

马什湖是由一群失业人员所建成的一个人工湖,它是汉诺威市内最受欢迎的休闲场所,特别适合划船和游泳。

亲历记忆

在马什湖上乘坐渡轮是一种非常好的体验,坐在船上看着两边那种发绿的树林和清澈的湖水,感觉特别好。

摄影指导

马什湖是一个人工湖,周围有很多标志性的建筑或者标志,在拍照的时候可以进行多方面的表现。

玩全攻略

地址	汉诺威市中心。
路线	从Kropcke乘坐100路公共汽车到Sprengel Museum站下车即可。
电话	0511-700-950。
门票	成人6欧元,儿童3欧元。
时间	全天开放。
最佳时间	10月份。
最美位置	乘坐渡轮在湖面上。
最美看点	美丽的马什湖。